DEUTSCH 3
Grammatik

W0218807

Kompetent AUFSTEIGEN …

3. Klasse AHS • NMS

Margit Pieler / Günter Schicho

G&G

Symbolerklärung

Übungsaufgabe:
Die Übungen sind fortlaufend nummeriert, sodass du sie auch im Lösungsteil für die Kontrolle leicht wiederfindest. Fast alle Übungen kannst du im Buch erledigen (z. B. Ausfüllen von Lückentexten, Einsetzen in Spalten, Unterstreichen im Text), für einige wenige Übungen ist es aber ratsam, dass du dir ein kleines Übungsheft anlegst.

In einem solchen Kästchen findest du **wichtige Kurzinformationen** und **leicht verständliche Erklärungen** zum jeweiligen Thema.

Wichtiger Merksatz! Guter Tipp! Merk dir das gut!

Wenn du Übungen in dieser Schrift siehst,
sind in den Texten Fehler enthalten, die du richtigstellen sollst!

Beachte, dass bei Texten in Großbuchstaben das ß durch SS ersetzt wird!

Dem Buch ist ein Lösungsheft beigelegt, in dem alle Übungen dieselbe Nummer haben wie im Buch und genau ausgearbeitet sind.

Verweis! Schau dort nach!

www.ggverlag.at

ISBN 978-3-7074-1893-4

In der aktuell gültigen Rechtschreibung

1. Auflage 2015
Illustrationen: Elena Obermüller
Printed by Drukarnia Interak Sp. Z o.o., Czarnków, Polen

DEUTSCH 3
Grammatik

Kompetent AUFSTEIGEN ...

3. Klasse AHS · NMS

Lösungen

G&G

1 arbeiten **T**, heben **T**, zeichnen **T**, blühen **V**, trinken **T**, leben **Z**, spielen **T**, zuhören **T**, stehen **Z**, essen **T**, kommen **V**, abwaschen **T**, wachsen **V**, liegen **Z**, aufbauen **T**, hängen **Z**, schneien **V**, fließen **V**, ausmalen **T**, plätschern **V**

2

1. Stammform	**2. Stammform**	**3. Stammform**	**Beugung**
nennen	nannte	genannt	gemischt
spielen	spielte	gespielt	schwach
nehmen	nahm	genommen	stark
versetzen	versetzte	versetzt	schwach
sitzen	saß	gesessen	stark
rennen	rannte	gerannt	gemischt
begraben	begrub	begraben	stark
backen	backte (buk)	gebacken	gemischt (stark)
angeben	gab an	angegeben	stark
kennen	kannte	gekannt	gemischt
einschieben	schob ein	eingeschoben	stark

---

3 Merkmale der **starken** Verben sind:
- Änderung des **Stammvokals** vom Präsens zum Präteritum
- Endung auf **-en** im 2. Partizip

Merkmale der **schwachen** Verben sind:
- Unveränderter **Stammvokal**
- Endung auf **-te** im Präteritum
- Endung auf **-t** im 2. Partizip

Merkmale der **gemischten** Verben sind:
- Änderung des **Stammvokals** vom Präsens zum Präteritum (wie die starken Verben)
- Endung auf **-te** im Präteritum (wie die schwachen Verben)
- Endung auf **-t** im 2. Partizip (wie die schwachen Verben)

---

4 **las:** 2. Stammform, stark
rannte: 2. Stammform, gemischt
gewünscht: 3. Stammform, schwach
aufrufen: 1. Stammform, stark
rollte: 2. Stammform, schwach
kreischen: 1. Stammform, schwach
angesucht: 3. Stammform, schwach
servieren: 1. Stammform, schwach
schlief ein: 2. Stammform, stark
gegessen: 3. Stammform, stark
eingekauft: 3. Stammform, schwach
verheiraten: 1. Stammform, schwach
eingearbeitet: 3. Stammform, schwach
rechnete: 2. Stammform, schwach
sang: 2. Stammform, stark
verzauberte: 2. Stammform, schwach
lief aus: 2. Stammform, stark
eingekocht: 3. Stammform, schwach
ausgelaufen: 3. Stammform, stark
anfahren: 1. Stammform, stark
einbringen: 1. Stammform, gemischt
wischte ab: 2. Stammform, schwach
wusch: 2. Stammform, stark
genannt: 3. Stammform, gemischt

5

Infinitiv	**1. Partizip**	**2. Partizip**
versinken	versinkend	versunken
schneiden	schneidend	geschnitten
ziehen	ziehend	gezogen

6

1. Er möchte gerne eine zweite Portion haben. **Personalform, Infinitiv**
2. Julia hat sich nicht aus dem Versteck getraut. **Personalform, 2. Partizip**
3. Wir werden morgen schon zeitig aufbrechen. **Personalform, Infinitiv**
4. Sie hatte den Termin völlig vergessen. **Personalform, 2. Partizip**
5. Sabine trug einen wärmenden Schianzug. **Personalform, 1. Partizip**
6. Wir müssen das Schreiben an die Zeitung noch überarbeiten. **Personalform, Infinitiv**
7. Hustend verabschiedete sich der Kranke von seinen Besuchern. **1. Partizip, Personalform**
8. Der Kellner hatte ihr ein verkohltes Steak serviert. **Personalform, 2. Partizip, 2. Partizip**
9. Karsten sollte sich besser informieren. **Personalform, Infinitiv**
10. Die Mutter hat das schlafende Kind aus dem Auto geholt. **Personalform, 1. Partizip, 2. Partizip**
11. Das Kleingeschriebene kann ich nicht lesen. **2. Partizip als Nomen, Personalform, Infinitiv**
12. Die Kinder suchten nach dem versunkenen Floß. **Personalform, 2. Partizip**

7

Infinitiv als Nomen	**1. Partizip als Attribut**	**2. Partizip als Attribut**
das **Trinken**	die trinkende Amsel	das **getrunkene** Bier
das **Kochen**	**kochendes** Wasser	das gekochte Rindfleisch
das Einschlafen	ein **schlafendes** Baby	die **eingeschlafenen** Füße
das Sinken	das **sinkende** Schiff	der **gesunkene** Schatz
das **Denken**	der **denkende** Mensch	eine gedachte Aussage
das **Schwimmen**	eine schwimmende Kerze	die **geschwommene** Strecke

8

gehagelt: **infinit, 2. Partizip**
vorgefahren: **infinit, 2. Partizip**
war: **finit, 1. + 3. Person Singular**
schlafend: **infinit, 1. Partizip**
schonen: **finit, 1. + 3. Person Plural; infinit, Infinitiv**
einsetzen: **infinit, Infinitiv**
nähtet: **finit, 2. Person Plural**
ausgelaufen: **infinit, 2. Partizip**
frierend: **infinit, 1. Partizip**
hätte: **finit, 1. + 3. Person Singular**
wuschen: **finit , 1. + 3. Person Plural**
sein: **infinit, Infinitiv**
fließend: **infinit, 1. Partizip**
fressen: **infinit, Infinitiv; finit, 1. + 3. Person Plural**
wirst: **finit, 2. Person Singular**

9

1. Hubert will heute mit dem Hund nicht spazieren gehen. **Wunsch, Vorsatz**
2. Sabine darf heute früher nach Hause gehen. **Erlaubnis**
3. Karsten soll sich sofort beim Direktor melden. **Aufforderung**
4. Beate muss zur Schulärztin kommen. **Befehl**
5. Stefan kann schon beginnen. **Möglichkeit**
6. Patrizia möchte ein eigenes Zimmer haben. **Wunsch**
7. Andreas mag keine Suppe essen. **Wunsch**

8. Hannes <u>will</u> nicht fernsehen. **Vorsatz, Wunsch**
9. Selina <u>möchte</u> gerne Ärztin werden. **Wunsch**
10. Der Soldat <u>muss</u> sich beim Vorgesetzten melden. **Befehl**

---

10 + 11

1. Du <u>sollst</u> es noch einmal mit mehr Gefühl probieren! **Aufforderung**
2. Ich <u>will</u> auch mitspielen! **Wunsch**
3. Andrea, du <u>darfst</u> nach Hause gehen! **Erlaubnis**
4. Hans <u>muss</u> jeden Tag drei Tabletten nehmen. **Notwendigkeit**
5. Der Patient <u>soll</u> sich nicht aufregen. **Aufforderung**
6. Der kleine Phillip <u>kann</u> schon gehen. **Fähigkeit**
7. Nina <u>mag</u> keine roten Rüben essen. **Wunsch**
8. Du <u>musst</u> dich deswegen nicht ärgern! **Notwendigkeit**
9. Herbert <u>will</u> für die ganze Familie kochen. **Wunsch, Vorsatz**
10. Du <u>musst</u> eine Vier würfeln! **Befehl, Notwendigkeit**

12

1. Er scheint krank <u>zu sein</u>.
2. Sie meinte verletzt <u>zu sein</u>.
3. Wir gedenken nicht <u>zu kommen</u>.
4. Sie pflegen um 18 Uhr zu Abend <u>zu essen</u>.
5. Ich beabsichtige diesen Vorfall <u>anzuzeigen</u>.
6. Sie scheinen nicht zu Hause <u>zu sein</u>.
7. Die Gäste scheinen sich hier wohl <u>zu fühlen</u>.
8. Der Patient gedenkt selbstständig <u>aufzustehen</u>.

13

Vollverben (Infinitiv):	bindet (binden), kaufen, fliegen, verzagen, stehe (stehen)
Hilfsverben:	sein, ist (sein), war (sein), wird (werden), hattest (haben), bist (sein), wurde (werden)
Modalverben:	mag (mögen), sollten (sollen), darfst (dürfen), könntest (können)
modifizierende Verben:	scheinen, meinen

14

1. Er <u>geht</u> (**Vollverb**) zur Schule.
2. Sie <u>werden</u> (**Hilfsverb**) dir <u>glauben</u> (**Vollverb im Infinitiv**).
3. Es <u>musste</u> (**Modalverb**) einmal so <u>kommen</u> (**Vollverb im Infinitiv**).
4. Sie <u>scheint</u> (**modifizierendes Verb**) heute nicht mehr zu <u>fahren</u> (**Vollverb im Infinitiv**).
5. Wir <u>hatten</u> (**Hilfsverb**) für sieben Uhr einen Tisch <u>bestellt</u> (**Vollverb im 2. Partizip**).
6. Sie <u>sollten</u> (**Modalverb**) lieber nochmals <u>fragen</u> (**Vollverb im Infinitiv**).
7. Er <u>war</u> (**Hilfsverb**) zu spät <u>gekommen</u> (**Vollverb im 2. Partizip**).
8. <u>Werden</u> (**Hilfsverb**) die anderen wenigstens pünktlich <u>ankommen</u> (**Vollverb im Infinitiv**)?
9. Ich <u>gedenke</u> (**modifizierendes Verb**) nicht länger zu <u>warten</u> (**Vollverb im Infinitiv**).
10. Sie <u>haben</u> (**Hilfsverb**) leider die Straßenbahn <u>versäumt</u> (**Vollverb im 2. Partizip**).

15

Küchenchef 1

In einigen Fernsehkochsendungen <u>zeigen</u> echt coole Typen, dass Kochen Spaß <u>machen</u> <u>kann</u> und selbst gemachte Gerichte obendrein auch lecker <u>schmecken</u>. Deshalb <u>interessieren</u> sich in unserer Klasse immer mehr Buben für das Kochen. So <u>haben</u> mein Freund Daniel und ich uns am Schulbeginn für den Freigegenstand „Kochen und Ernährungslehre“ <u>angemeldet</u>.

Meine Mutter war über mein Vorhaben begeistert und wollte mir sofort die Küche als mein neues Revier übergeben. Mein großer Bruder schmunzelte nur und sagte, dass es Mädchen cool fänden, wenn Buben kochen könnten. Nur mein Vater, dem sogar die Würstel beim Aufwärmen im Wasser anbrennen, murmelte etwas von „Frauensache“. Doch er gab dann schließlich zu, dass meine Anmeldung ein erster Schritt zu einer gesunden Ernährung sei und ich mich später einmal nicht aus Dosen ernähren müsse. Gespannt wartete ich schon auf die erste Kochstunde.

Vollverben: zeigen, machen, schmecken, interessieren, angemeldet, begeistert, übergeben (stark), schmunzelte, sagte, fänden (stark), kochen, anbrennen (gemischt), murmelte, gab (stark), sei (hier Vollverb, stark, sei – war – gewesen), ernähren, wartete
Hilfsverben: haben, war
Modalverben: kann, wollte, könnten, müsse

---

16 **gehen:** ich gehe, du gehst, er/sie/es geht, wir gehen, ihr geht, sie gehen
wandern: ich wandere, du wanderst, er/sie/es wandert, wir wandern, ihr wandert, sie wandern

---

17 **gehen:** ich ging, du gingst, er/sie/es ging, wir gingen, ihr gingt, sie gingen
wandern: ich wanderte, du wandertest, er/sie/es wanderte, wir wanderten, ihr wandertet, sie wanderten

---

18 **gehen:** ich bin gegangen, du bist gegangen, er/sie/es ist gegangen, wir sind gegangen, ihr seid gegangen, sie sind gegangen
glauben: ich habe geglaubt, du hast geglaubt, er/sie/es hat geglaubt, wir haben geglaubt, ihr habt geglaubt, sie haben geglaubt

---

19 **gehen:** ich war gegangen, du warst gegangen, er/sie/es war gegangen, wir waren gegangen, ihr wart gegangen, sie waren gegangen
glauben: ich hatte geglaubt, du hattest geglaubt, er/sie/es hatte geglaubt, wir hatten geglaubt, ihr hattet geglaubt, sie hatten geglaubt

---

20 **gehen:** ich werde gehen, du wirst gehen, er/sie/es wird gehen, wir werden gehen, ihr werdet gehen, sie werden gehen
glauben: ich werde glauben, du wirst glauben, er/sie/es wird glauben, wir werden glauben, ihr werdet glauben, sie werden glauben

---

21 **gehen:** ich werde gegangen sein, du wirst gegangen sein, er/sie/es wird gegangen sein, wir werden gegangen sein, ihr werdet gegangen sein, sie werden gegangen sein
glauben: ich werde geglaubt haben, du wirst geglaubt haben, er/sie/es wird geglaubt haben, wir werden geglaubt haben, ihr werdet geglaubt haben, sie werden geglaubt haben

---

22 **Präsens:** ich ziehe, du ziehst, er/ ... zieht, wir ziehen, ihr zieht, sie ziehen
Präteritum: ich zog, du zogst, er/ ... zog, wir zogen, ihr zogt, sie zogen

Perfekt: ich habe gezogen, du hast gezogen, er/ ... hat gezogen, wir haben gezogen, ihr habt gezogen, sie haben gezogen
Plusquamperfekt: ich hatte gezogen, du hattest gezogen, er/ ... hatte gezogen, wir hatten gezogen, ihr hattet gezogen, sie hatten gezogen
Futur I: ich werde ziehen, du wirst ziehen, er/ ... wird ziehen, wir werden ziehen, ihr werdet ziehen, sie werden ziehen
Futur II: ich werde gezogen haben, du wirst gezogen haben, er/ ... wird gezogen haben, wir werden gezogen haben, ihr werdet gezogen haben, sie werden gezogen haben

Präsens: ich liege, du liegst, er/ ... liegt, wir liegen, ihr liegt, sie liegen
Präteritum: ich lag, du lagst, er/ ... lag, wir lagen, ihr lagt, sie lagen
Perfekt: ich bin gelegen, du bist gelegen, er/ ... ist gelegen, wir sind gelegen, ihr seid gelegen, sie sind gelegen
Plusquamperfekt: ich war gelegen, du warst gelegen, er/ ... war gelegen, wir waren gelegen, ihr wart gelegen, sie waren gelegen
Futur I: ich werde liegen, du wirst liegen, er/ ... wird liegen, wir werden liegen, ihr werdet liegen, sie werden liegen
Futur II: ich werde gelegen sein, du wirst gelegen sein, er/ ... wird gelegen sein, wir werden gelegen sein, ihr werdet gelegen sein, sie werden gelegen sein

---

23

1. Wir sind um die Wette geschwommen. **Perfekt**
2. Der Hund ist im Wald verschwunden. **Perfekt**
3. Du wirst doch mitspielen? **Futur**
4. Die Farbe wird sich beim Waschen verändern. **Futur**
5. Ich bin ins Ziel gelaufen. **Perfekt**
6. Die Verletzten waren gehumpelt. **Plusquamperfekt**
7. Die Köche hatten gekostet. **Plusquamperfekt**
8. Du bist gerade noch entkommen. **Perfekt**
9. Wir werden diesen Abend nicht vergessen. **Futur**
10. Die Ärzte werden gleich kommen. **Futur**
11. Der Jockey war grandios geritten. **Plusquamperfekt**
12. Er wird das Arbeitsblatt für dich kopieren. **Futur**

24

1. Conny versuchte immer schneller zu fahren. **Präteritum, Infinitiv**
2. Wir brauchen nicht länger zu warten. **Präsens, Infinitiv**
3. Norbert ist mit seinem Scooter schwer gestürzt. **Perfekt: Hilfsverb + 2. Partizip**
4. Renate wird der Lehrerin die Blumen überreichen. **Futur: Hilfsverb + Infinitiv**
5. Tante Käthe hat erst gestern ihr neues Auto bekommen.
   Perfekt: Hilfsverb + 2. Partizip
6. Paul brachte die Pakete zuverlässig zur Post. **Präteritum**
7. Meine Katze wird bald Junge bekommen. **Futur: Hilfsverb + Infinitiv**
8. Helga hatte ihren Ausweis vergessen. **Plusquamperfekt: Hilfsverb + 2. Partizip**
9. Bist du am Sonntag in der Messe gewesen? **Perfekt: Hilfsverb + 2. Partizip**
10. Seid ihr erst heute angekommen? Perfekt: **Hilfsverb + 2. Partizip**
11. Er war nicht mitgegangen. Plusquamperfekt: **Hilfsverb + 2. Partizip**

25

Präsens	Die neue Lehrerin betritt das Klassenzimmer.
Präteritum	Die neue Lehrerin betrat das Klassenzimmer.
Perfekt	Die neue Lehrerin hat das Klassenzimmer betreten.
Plusquamperfekt	Die neue Lehrerin hatte das Klassenzimmer betreten.
Futur I	Die neue Lehrerin wird das Klassenzimmer betreten.
Futur II	Die neue Lehrerin wird das Klassenzimmer betreten haben.

Präsens	Die 3a fährt auf Schikurs.
Präteritum	Die 3a fuhr auf Schikurs.
Perfekt	Die 3a ist auf Schikurs gefahren.
Plusquamperfekt	Die 3a war auf Schikurs gefahren.
Futur I	Die 3a wird auf Schikurs fahren.
Futur II	Die 3a wird auf Schikurs gefahren sein.

26

1. Wir **schauen** uns einen Film **an**, nachdem wir die Prüfungen erfolgreich **abgeschlossen haben**. **Präsens + Perfekt**
   Wir **schauten** uns einen Film **an**, nachdem wir die Prüfungen erfolgreich **abgeschlossen hatten**. **Präteritum + Plusquamperfekt**
2. Stefan **bekommt** ein neues Handy, nachdem er vorgestern sein altes **verkauft hat**.
   Stefan **bekam** ein neues Handy, nachdem er vorgestern sein altes **verkauft hatte**.
3. Barbara **findet** ihre Turnschuhe zu Hause im Keller, nachdem sie die gesamte Schülergarderobe **abgesucht hat**.
   Barbara **fand** ihre Turnschuhe zu Hause im Keller, nachdem sie die gesamte Schülergarderobe **abgesucht hatte**.
4. Nachdem Sybille das ganze Schuljahr den Maschinschreibkurs **besucht hat**, **schreibt** sie ihre Aufgaben nur mehr am Computer und **erspart sich** eine Menge Zeit.
   Nachdem Sybille das ganze Schuljahr den Maschinschreibkurs **besucht hatte**, **schrieb** sie ihre Aufgaben nur mehr am Computer und **ersparte sich** eine Menge Zeit.

27

1. In der neuen Klasse werdet ihr gewiss nette Schulkollegen haben. **Vermutung**
2. Ihr werdet das nie wieder tun! **Befehl**
3. Die jungen Katzen werden bald stubenrein sein. **Vermutung**
4. Wir werden heute nur eine kurze Pause machen. **Absicht**
5. Du wirst keine nächste Chance von mir bekommen. **Absicht**
6. Heute in der Nacht wird es schneien. **Vermutung**

28

1. Er wird sicherlich erst spät nach Hause gekommen sein. **Vermutung**
2. Unsere Mannschaft wird das Match doch gewonnen haben. **Vermutung**
3. Nächstes Jahr um diese Zeit wird Gabi die Aufnahmeprüfung schon geschafft haben. **Abgeschlossenes**
4. Nächsten Monat wird Julia auch die Schwimmprüfung bestanden haben. **Abgeschlossenes**
5. Felix wird das Klassenbuch wieder liegen gelassen haben. **Vermutung**

29 **Aktiv**

Präsens:	Der Verkäufer öffnet das Geschäft.
Präteritum:	Der Verkäufer öffnete das Geschäft.
Perfekt:	Der Verkäufer hat das Geschäft geöffnet.
Plusquamperfekt:	Der Verkäufer hatte das Geschäft geöffnet.
Futur I:	Der Verkäufer wird das Geschäft öffnen.

Vorgangspassiv

Präsens:	Das Geschäft wird geöffnet.
Präteritum:	Das Geschäft wurde geöffnet.
Perfekt:	Das Geschäft ist geöffnet worden.
Plusquamperfekt:	Das Geschäft war geöffnet worden.
Futur I:	Das Geschäft wird geöffnet werden.

Zustandspassiv

Präsens:	Das Geschäft ist geöffnet.
Präteritum:	Das Geschäft war geöffnet.
Perfekt:	Das Geschäft ist geöffnet gewesen.
Plusquamperfekt:	Das Geschäft war geöffnet gewesen.
Futur I:	Das Geschäft wird geöffnet sein.

---

30 **Aktiv**

Präsens:	Karin schreibt ein SMS.
Präteritum:	Karin schrieb ein SMS.
Perfekt:	Karin hat ein SMS geschrieben.
Plusquamperfekt:	Karin hatte ein SMS geschrieben.
Futur I:	Karin wird ein SMS schreiben.

Vorgangspassiv

Präsens:	Ein SMS wird geschrieben.
Präteritum:	Ein SMS wurde geschrieben.
Perfekt:	Ein SMS ist geschrieben worden.
Plusquamperfekt:	Ein SMS war geschrieben worden.
Futur I:	Ein SMS wird geschrieben werden.

Zustandspassiv

Präsens:	Ein SMS ist geschrieben.
Präteritum:	Ein SMS war geschrieben.
Perfekt:	Ein SMS ist geschrieben gewesen.
Plusquamperfekt:	Ein SMS war geschrieben gewesen.
Futur I:	Ein SMS wird geschrieben sein.

31

1. Mein Hund gräbt im Garten ein tiefes Loch. **Aktiv, Präsens**
2. Wahrscheinlich wird er darin einen Knochen verstecken. **Aktiv, Futur I**
3. Morgen wird der Knochen wieder ausgegraben werden. **VP, Futur I**
4. Dieses Spielchen war von ihm schon oft veranstaltet worden. **VP, PP**

32

1. Das Stiegenhaus wird vom Hausmeister wöchentlich gereinigt. **VP, Präsens**
2. Auch die Fenster putzt er jede Woche. **Aktiv, Präsens**
3. Die Gartenanlage wird erst wieder im Sommer gepflegt werden. **VP, Futur I**
4. Im Winter wird der vereiste Gehsteig ordentlich gestreut. **VP, Präsens**
5. Sind die Mülltonnen schon entleert worden? **VP, Perfekt**
6. Der Gehweg wird gekehrt werden. **VP, Futur I**
7. Die Haussprechanlage ist bereits überprüft worden. **VP, Perfekt**
8. Die Techniker sind schon um 8 Uhr Früh gekommen. **Aktiv, Perfekt**
9. Die Steckverbindungen der Kabel sind locker zusammengesetzt gewesen. **ZP, Perfekt**
10. Auch waren die elektrischen Leitungen nicht vorschriftsmäßig verlegt worden. **VP, Plusquamperfekt**

33

1. **VP, Plusquamperfekt**
2. **VP, Perfekt**
3. **VP, Präteritum**
4. **Aktiv, Futur I**
5. **VP, Plusquamperfekt**
6. **VP, Perfekt**
7. **VP, Futur I**
8. **Aktiv, Futur I**

34

2. sie sind geimpft: **ZP Präsens**; Futur I: **sie werden geimpft sein**
3. es wurde wieder geöffnet: **VP Präteritum**; Perfekt: **es ist wieder geöffnet worden**
4. sie werden bezahlt: **VP, Präsens**; Präteritum: **sie wurden bezahlt**
5. es wird abgegeben: **VP, Präsens**; Plusquamperfekt: **es war abgegeben worden**
6. ich bin gelandet: **Aktiv, Perfekt**; Präsens: **ich lande**
7. du warst gejagt worden: **VP, Plusquamperfekt**; Präsens: **du wirst gejagt**
8. es ist zu spät gewesen: **Aktiv, Perfekt**; Futur I: **es wird zu spät sein**
9. sie waren beschädigt gewesen: **ZP, Plusquamperfekt**;
   Futur I: **sie werden beschädigt sein**
10. es wird vorgelesen werden: **VP, Futur I**; Präsens: **es wird vorgelesen**
11. ihr wurdet verständigt: **VP, Präteritum**;
    Plusquamperfekt: **ihr wart verständigt worden**
12. es wird schon verkauft sein: **ZP, Futur I**; Präsens: **es ist verkauft**
13. sie waren gezählt gewesen: **ZP, Plusquamperfekt**; Präteritum: **sie waren gezählt**

35

1. **Vorgangspassiv, Perfekt:** Meine Schwester ist am Donnerstag operiert worden.
2. **Aussagesatz, Vorgangspassiv, Präsens:** Die Tafel wird gelöscht.
3. **Fragesatz, Zustandspassiv, Präteritum:** War die Schultasche gepackt?
4. **Vorgangspassiv, Perfekt:** Mein Auto ist am Montag lackiert worden.
5. **Zustandspassiv, Präteritum:** Die Fragebögen waren vom Beamten geprüft.
6. **Aussagesatz, Vorgangspassiv, Präsens:** Das Fenster wird geöffnet.
7. **Fragesatz, Zustandspassiv, Präteritum:** War der Koffer ausgepackt?

36

1. **Zieh** dir deine Schuhe an!
2. **Wartet** bei der Bushaltestelle!
3. **Klettert** nicht auf das Gerüst!
4. **Betritt** nicht den Rasen!
5. **Kauf** vitaminreiches Obst und Gemüse!
6. **Tragt** Miniröcke!
7. **Demonstriert** gegen die geplante Reform!

8. **Ruf** mich um 20 Uhr an!
9. **Nimm** dir zwei Stück Fleisch!
10. **Schreib** deine Hausübung ordentlich!

37

Infinitiv	**Präsens**	**Konjunktiv I**
gehen	ich geh**e**	ich geh**e**
	du geh**st**	du geh**est**
	er/sie/es geh**t**	er/sie/es geh**e**
	wir geh**en**	wir geh**en**
	ihr geh**t**	ihr geh**et**
	sie geh**en**	sie geh**en**
glauben	ich glaub**e**	ich glaub**e**
	du glaub**st**	du glaub**est**
	er/sie/es glaub**t**	er/sie/es glaub**e**
	wir glaub**en**	wir glaub**en**
	ihr glaub**t**	ihr glaub**et**
	sie glaub**en**	sie glaub**en**

38

Infinitiv	**Präsens**	**Konjunktiv I**
zählen	wir zählen	wir zählen
ziehen	du ziehst	du ziehest
wissen	er weiß	er wisse
spitzen	ich spitze	ich spitze
mögen	ich mag	ich möge
sitzen	er sitzt	er sitze
legen	du legst	du legest
aufstellen	er stellt auf	er stelle auf
montieren	sie montieren	sie montieren
sein	du bist	du sei(e)st
putzen	sie putzt	sie putze
haben	du hast	du habest
anhalten	es hält an	es halte an

39

Präsens	**Konjunktiv I**	**Präsens**	**Konjunktiv I**
er spricht (sprechen)	er spreche	er darf (dürfen)	er dürfe
sie trägt	sie trage	sie hat (haben)	sie habe
er isst (essen)	er esse	sie schlafen	sie schlafen
wir laufen	wir laufen	ich koche	ich koche
sie sieht (sehen)	sie sehe	wir turnen	wir turnen
es regnet	es regne	sie liest (lesen)	sie lese

40

Präteritum	**Konjunktiv II**	**Präteritum**	**Konjunktiv II**
ich ging	ich ging**e**	ich glaubte	ich glaubt**e**
du gingst	du ging**est**	du glaubtest	du glaubt**est**
er/sie/es ging	er/sie/es ging**e**	er/sie/es glaubte	er/sie/es glaubt**e**
wir gingen	wir ging**en**	wir glaubten	wir glaubt**en**
ihr gingt	ihr ging**et**	ihr glaubtet	ihr glaubt**et**
sie gingen	sie ging**en**	sie glaubten	sie glaubt**en**

41

Konjunktiv II	**Konjunktiv II**
(er spräche)/würde sprechen	(er läse)/würde lesen
(sie trüge)/würde tragen	sie käme
wir liefen/würden laufen	ihr wäret
sie sähe/würde sehen	er träte ein/würde eintreten
es regnete/würde regnen	es läge/würde liegen
du schliefest/würdest schlafen	sie tränke/würde trinken
er dürfte	(er grübe)/würde graben

42

Präsens	**Konjunktiv I**	**Präteritum**	**Konjunktiv II**
es läuft	er male an	du flohst	sie flöge
sie schwimmt	sie koche	ich las	ihr kämet
wir essen	er lese vor	du warst	ich dürfte
sie lügt	er nehme	sie kochten	sie hätte
es ist	es scheine	wir warfen	es wäre
er nimmt	er schlafe	sie trank aus	er verspräche
ich bin	es habe	sie lagen	sie wüssten
er kauft ein	es zeige sich	du konntest	er bliebe
es passt	sie sitze	er trank aus	er stäche

43

Konjunktiv I	**Konjunktiv II**	**Konjunktiv I**	**Konjunktiv II**
ich habe	ich hätte	ich sei	ich wäre
du habest	du hättest	du sei(e)st	du wär(e)st
er/sie/es habe	er/sie/es hätte	er/sie/es sei	er/sie/es wäre
wir haben	wir hätten	wir seien	wir wären
ihr habet	ihr hättet	ihr seiet	ihr wär(e)t
sie haben	sie hätten	sie seien	sie wären

44

1. Wenn sie doch endlich **käme**.
2. Mutter **könnte** dir dabei helfen.
3. Ihr tut so, als **läge** es nur an mir.
4. Erika tat so, als ob sie uns nicht **sähe**.
5. Das **täte** mir aber leid!
6. Er tut so, als **müsste** er alles allein machen.
7. Ronny **ginge** sicherlich mit, wenn er von der Party **wüsste**.
8. Renate **sollte** längst fertig sein.
9. Wenn ich so reich **wäre**, **läge** ich nur mehr in der Sonne.
10. Sie **sollten** weniger streiten.

45

1. Er flüstert, es läute in fünf Minuten.
2. Sie behauptet, **ihr** Fahrradschloss sei kaputt.
3. Daniela meint, **sie** gebe **ihr** Schularbeitsheft schon ab.
4. Tobias berichtet enttäuscht, sie treffe sich heute mit Benno.
5. Onkel Thomas bietet uns an, **er** borge **uns sein** neues Auto.
6. Ronald verkündet, sie rufe **ihn** bestimmt an.
7. Der Gast beschwert sich, **er** warte schon sehr lange auf **seine** Bestellung.
8. Bernhard jubelte, **er** freue **sich** über **seinen** neuen Fußball.
9. Der Filialleiter versprach mir, **er** werde **mich** wegen des Ferialjobs anrufen.

46

1. Er flüstert, **dass** es in fünf Minuten läute.
2. Sie behauptet, **dass** ihr Fahrradschloss kaputt sei.
3. Daniela meint, **dass** sie ihr Schularbeitsheft schon abgebe.
4. Tobias berichtet enttäuscht, **dass** sie sich heute mit Benno treffe.
5. Onkel Thomas bietet uns an, **dass** er uns sein neues Auto borge.
6. Ronald verkündet, **dass** sie ihn bestimmt anrufe.
7. Der Gast beschwert sich, **dass** er schon sehr lange auf seine Bestellung warte.
8. Bernhard jubelt, **dass** er sich über seinen neuen Fußball freue.
9. Der Filialleiter verspricht mir, **dass** er mich wegen des Ferialjobs anrufe.

47

1. Karl fragt seinen Bruder, **ob** er ihm sein Skateboard borge.
2. Gerhard fragt ihn, **ob** er mit seinem Auto im Hof parke.
3. Sanja fragt uns, **ob** wir auch ins Kino mitkämen (mitkommen würden).
4. Vicky fragte ihn, **ob** er ihr auch eine Wurstsemmel mitbringe.
5. Patrick fragte mich, **ob** ich seine Nachspeise essen wolle.

48

starke Verben: sitzen, lesen, bitten, schneiden, graben, fallen
schwache Verben: meinen, klopfen, legen, verdrängen, reden, arbeiten, turnen, setzen, senden* – sendete – gesendet
gemischte Verben: denken, bringen, wissen, senden* – sandte – gesandt, verbrennen
* Eine Radiosendung wurde gesendet. Das Paket wurde versandt.

49

1. Monika erzählt ihrer Freundin, sie verreise morgen (am nächsten Tag) mit **ihrem** Freund.
2. Der Radiosprecher meldete, die Umfahrungsstraße sei morgen (am nächsten Tag) wegen Bauarbeiten gesperrt.
3. Hilde telefonierte mit ihrer Tochter, **sie** verlängere **ihren** Kuraufenthalt um eine Woche.
4. Sonja beschwert sich bei Peter, **sie** habe hier (dort) lange genug auf ihn gewartet.
5. Karl meinte, **er** wolle **sein** Taschengeld lieber sparen.

50

Infinitiv	**Konjunktiv I**	**Präteritum**	**Konjunktiv II**
sein	er sei	er war	er wäre
lesen	er lese	er las	er läse
schlafen	er schlafe	er schlief	er schliefe
bringen	er bringe	er brachte	er brächte
können	er könne	er konnte	er könnte
kommen	er komme	er kam	er käme
haben	er habe	er hatte	er hätte
schreiben	er schreibe	er schrieb	er schriebe
werden	er werde	er wurde	er würde

51

1. Wenn der Störungsdienst doch endlich **käme**!
2. Er **könnte** morgen vielleicht schon den Gipfel erreichen.
3. Er **liefe**, wenn er von der Gefahr **wüsste**.
4. Wenn ich so krank **wäre** wie du, **bliebe** ich im Bett.
5. Meine kleine Schwester tat so, als **schliefe** sie bereits.
6. Wir **sollten** uns lieber untersuchen lassen.

52 **Indikativ:** geht; ist gegangen; gehe; gehst; komme, kommt; kam; gibt, gabst, gebe; gaben; läufst; laufe; war gelaufen

Konjunktiv I + II: ginge, gehe; komme; käme; gäbe; gebe; liefe; laufe

Imperativ: geh (Geh!); komm (Komm!); kommt (Kommt!); gib (Gib!); lauft (Lauft!); lauf, laufe (Lauf! Laufe!)

53

1. Lauf nicht auf die Straße! **Imperativ**
2. Ich finde mein Handy nicht. **Indikativ**
3. Es möge doch immer so bleiben! **Konjunktiv/Modalverb**
4. Diesen Sommer trägt die modebewusste Frau kurze Röcke. **Indikativ**
5. Gib mir bitte deine Hand! **Imperativ**
6. Trag dich hier ein! **Imperativ**
7. Könnte er mir mehr geben? **Konjunktiv/Modalverb**
8. Ich dachte, er hätte schon gegessen. **Indikativ, Konjunktiv/Hilfsverb**
9. Man nehme nur frische Zutaten. **Konjunktiv**
10. Steh doch endlich still! **Imperativ**

54

2. Peter läuft in die Klasse. **Präsens, Aktiv, Indikativ**
3. Die Schultasche wird gepackt. **Präsens, Passiv, Indikativ**
4. Schriebe er mir doch ein SMS! **Präteritum, Aktiv, Konjunktiv II**
5. Wir waren gestern Schuhe kaufen. **Präteritum, Aktiv, Indikativ**
6. Moritz vergaß die Turnbefreiung zu Hause. **Präteritum, Aktiv, Indikativ**
7. Sie wurde von ihm am Küchentisch liegen gelassen. **Präteritum, Passiv, Indikativ**
8. Wenn er doch endlich käme! **Präteritum, Aktiv, Konjunktiv II**

55

2. Er möchte morgen nicht kommen. **Modalverb; Vollverb, Infinitiv**
3. Ist er schon da? **Hilfsverb als Vollverb gebraucht**
4. Kurt hatte seine Turnsachen zu Hause vergessen. **Hilfsverb; Vollverb, 2. Partizip**
5. Möchtest du lieber später darüber reden? **Modalverb; Vollverb, Infinitiv**
6. Du wirst das noch bereuen! **Hilfsverb; Vollverb, Infinitiv**
7. Es scheint schon zu wirken. **modifizierendes Verb; Vollverb, Infinitiv**
8. Marlies darf nicht zu spät nach Hause kommen. **Modalverb; Vollverb, Infinitiv**
9. Der Brief muss heute noch abgeschickt werden.
   Modalverb; Vollverb, 2. Partizip; Hilfsverb, Infinitiv; PASSIV
10. Der Bus war gestern zu früh abgefahren. **Hilfsverb; Vollverb, 2. Partizip**
11. Roman konnte heute nicht lange bleiben. **Modalverb; Vollverb, Infinitiv**
12. Die Computermaus wurde ausgetauscht. **Hilfsverb; Vollverb, 2. Partizip; PASSIV**
13. Sabrina wird heute eine Schularbeit schreiben. **Hilfsverb; Infinitiv**
14. Auch der Altbürgermeister gedachte zur feierlichen Eröffnung zu kommen.
    modifizierendes Verb; Vollverb, Infinitiv
15. Das Interview wurde aufgezeichnet. **Hilfsverb; Vollverb, 2. Partizip; PASSIV**

56

2. Letzte Woche ist der vermisste Kater gefunden worden. **Perfekt, VP**
3. Das Auto war rot lackiert gewesen. **Plusquamperfekt, ZP**
4. Seine Schritte sind immer größer geworden. **Perfekt, Aktiv**
5. Dieser Nagel ist von mir eingeschlagen worden. **Perfekt, VP**
6. Das Zimmer war schon aufgeräumt gewesen. **Plusquamperfekt, ZP**
7. Die Kassa wird vom Chef persönlich überprüft werden. **Futur I, VP**
8. Die Kinder werden am Weltspartag ihre Ersparnisse einzahlen. **Futur I, Aktiv**
9. Er wird sich sicherlich getäuscht haben. **Futur II, Aktiv**

57
1. Die Klavierlehrerin ermahnt Gabi, **sie** müsse mehr üben.
2. Die Ärztin verordnete dem Kranken, er **dürfe** nur mit Krücken gehen.
3. Der Trainer rät seiner Mannschaft, sie **solle** aggressiver spielen.

58
1. Ich bin **geimpft** worden. **1. Pers. Sg., Perfekt, Ind., VP**
2. **Stellt** die Sessel auf den Tisch! **Imperativ, Pl.**
3. Der Schlitten wurde **gezogen. 3. Pers. Sg., Präteritum, Ind., VP**
4. Der Rasen ist bereits **gemäht. 3. Pers. Sg., Präsens, Ind., ZP**
5. Der Gärtner hatte die Hecke **geschnitten. 3. Pers. Sg., Plusquamp., Ind., Aktiv**
6. Die Turmuhr war damals schon **repariert** gewesen. **3. Pers. Sg., Plusquamp., Ind., ZP**
7. Der Spieler wurde schwer **gefoult. 3. Pers. Sg., Präteritum, Ind., VP**
8. Er **nehme** drei Tropfen täglich. **3. Pers. Sg., Präsens, Konj., Aktiv**
9. **Komm** schnell herein! **Imperativ, Sg.**
10. Dagmar will unbedingt mit der Bahn **fahren. 3. Pers. Sg., Präsens, Ind., Aktiv**
11. Mein Zeugnis wird dieses Semester gut **ausfallen. 1. Pers. Sg., Futur I, Ind., Aktiv**
12. Der Schauspieler ist **geehrt** worden. **3. Pers. Sg., Perfekt, Ind., VP**

59
Verben, **Konjunktiv**

Küchenchef 2

Sehr motiviert und zum Kochen bereit, erschienen Daniel und ich zur ersten Kochstunde. Nach einer kurzen theoretischen Einführung in die „Küchengeheimnisse" kamen wir endlich zum praktischen Teil – nämlich zur Suppe.
Jede der vier Gruppen bekam von unserer Kochlehrerin die Aufgabe, eine Suppe zu kochen. Bei einer abschließenden Verkostung **sollte** die beste ausgezeichnet werden.
Daniel und ich waren in der Gruppe, die Rindsuppe mit Frittateneinlage zubereiten durfte. Es schien alles sehr einfach zu gehen: Suppe kochen, Palatschinken machen, Frittaten schneiden, in eine Schüssel schütten, fertig!
Selbstsicher räumten wir das Kochgeschirr aus dem Schrank und jonglierten mit Sieb und Suppenschöpfern wie die coolen Fernsehköche.
Wir ließen die Eier über die Arbeitsplatte rollen und benutzten die Schneerute – wie ein Mikrofon – für wichtige Durchsagen.
Sebastian und Sonja, die beiden **sollten** die Frittaten backen, schüttelten fassungslos ihre Köpfe.
Es war vielleicht ein kleiner Fehler, dass wir unserer Lehrerin nur beiläufig zuhörten und lieber coole Sprüche klopften.
Es schien überaus einfach zu sein, dieses Büschel Gemüse zu putzen und dann mit Salz, einem Stückchen Rindfleisch und ein paar Knochen im Wasser zu kochen.
Die bald preisgekrönte Suppe köchelte, und Daniel und ich unterhielten, besser gesagt, nervten die anderen währenddessen mit Hip-Hop- und Rap-Gesang.
Elegant warf ich meinem Kochgehilfen den großen Seiher zu und dieser hielt ihn lässig mit einer Hand über das Waschbecken. Schnell leerte er den Inhalt des Suppentopfes in den Seiher.
Das Wurzelgemüse, die Rindsknochen und das kleine Stückchen Fleisch purzelten ins Sieb. Wir klatschten mit den Handflächen zusammen. So einfach konnte also Kochen sein.
Als uns aber unsere Lehrerin nach der Suppe fragte, wurden wir beide bleich vor Schreck. Am liebsten **wäre** ich in den Ausguss des Waschbeckens gesprungen und **hätte** die Suppe herausgepumpt.

Daniel zeigte ins Waschbecken und auf das volle Sieb. Er stammelte nur, er **habe** die Suppe hier hineingeleert und **wolle** ...
„Echt cool", unterbrach ihn Sonja, „zwei wahre Küchenchefs!"
„Habt ihr euch das im Fernsehen bei Dick und Doof abgeschaut?", rappte Sebastian.
Dass unsere Suppe nicht den ersten Platz bekommen hat, muss ich nicht ausdrücklich erwähnen. Aber echt erniedrigend (1. Partizip) war, dass wir die ausgekochten (2. Partizip) Zutaten unter dem Gelächter der anderen nochmals kochen und dann dieses „heiße Wasser" mit Frittaten zum Verkosten servieren mussten.

Vollverben:	erschienen, kamen, bekam, kochen (4x), ausgezeichnet, zubereiten, gehen, machen, schneiden, schütten, räumten, jonglierten, ließen, rollen, benutzten, backen, schüttelten, war (hier als Vollverb), zuhörten, klopften, putzen, köchelte, unterhielten, gesagt, nervten, warf zu, hielt, leerte, purzelten, klatschten, fragte, gesprungen, herausgepumpt, zeigte, stammelte, hineingeleert, unterbrach, abgeschaut, rappte, bekommen, erwähnen, servieren
Hilfsverben:	werden, waren, war (2x), sein (2x), wurden, wäre, hätte, habe, habt, hat
Modalverben:	sollte, durfte, sollten, konnte, wolle, muss, mussten
modifizierende Verben:	schien (2x)

---

60 **Konkreta:** Sand, Schulhaus, Käse, Stadt, Gewässer, Gas, Glas, Riese, Drache, Wolke
Abstrakta: Klugheit, Mathematik, Liter, Spaß, Ruhe, Geborgenheit, Stunde, Freude, Härte

---

61

1. Schüler + Versammlung = die Schülerversammlung (weiblich)
2. Geld + Börse = die Geldbörse (weiblich)
3. Kinder + Buch + Autor = der Kinderbuchautor (männlich)
4. Heft + Umschlag = der Heftumschlag (männlich)
5. Tafel + Schwamm = der Tafelschwamm (männlich)
6. Blumen + Beet = das Blumenbeet (sächlich)

---

62 **starke Beugung:** der Garten, der Hund, der Gast, das Band/der Band, die Nacht
schwache Beugung: der Mensch, der Student, die Palme, die Kur, der Buchstabe
gemischte Beugung: das Mädchen, das Bett

63

2. Ich fange den Ball. **Wen oder was? 4. Fall**
3. Ihr glaubt dem Jungen nicht. **Wem? 3. Fall**
4. Du kauftest dir gestern die Zeitung. **Wen oder was? 4. Fall**
5. Das Buch wird nicht mehr gedruckt. **Wer oder was? 1. Fall**
6. Wir üben das Maschinschreiben. **Wen oder was? 4. Fall**
7. Sie vertrauen dem Arzt. **Wem? 3. Fall**
8. Er wird des Verbrechens angeklagt. **Wessen? 2. Fall**
9. Unser Hund darf nicht ins Schlafzimmer. **Wer oder was? 1. Fall**
10. Er gibt dem Freund die Hand. **Wem? 3. Fall, Wen oder was? 4. Fall**

64
1. Der Verkäufer grüßt de**n** Kund**en**. **4. Fall, mich**
2. Der Botendienst bringt de**m** Mann die bestellte Ware. **3. Fall, mir**
3. Die Großeltern schenken de**m** Enkelsohn de**n** versprochenen Computer. **3. Fall, mir; 4. Fall, mich**
4. Die Verliebte schreibt de**m** Verlobte**n** eine**n** Liebesbrief. **3. Fall, mir; 4. Fall, mich**
5. Der Hund erkannte seine**n** Herrn sofort. **4. Fall, mich**
6. Gib mir bitte de**n** Dosenöffner! **4. Fall, mich**
7. Sie glaubt ihre**m** Freund. **3. Fall, mir**
8. Er borgt de**m** Nachbarn (Sg.)/de**n** Nachbarn (Pl.) de**n** Rasenmäher. **3. Fall, mir; 4. Fall, mich**
9. Wir versprechen de**n** Kindern eine**n** Kinobesuch. **3. Fall, mir; 4. Fall, mich**
10. Der Lehrer fragte de**n** Schüler nach der Hausübung. **4. Fall, mich**

65

Wortart	**Nomen**	**Wortart**	**Nomen**
verloben (Verb)	Verlob**ung**	gesund (Adj.)	Gesund**ung**, Gesund**heit**
langsam (Adj.)	Langsam**keit**	Leser (Nomen)	Leser**schaft**
korrekt (Adj.)	Korrekt**heit**, Korrekt**ur**	übertreten (Verb)	Übertret**ung**
prüfen (Verb)	Prüf**ung**, Prüf**ling**	gültig (Adj.)	Gültig**keit**
wirken (Verb)	Wirk**ung**	heil (Adj.)	Heil**ung**, Heil**igkeit**, Heilig**tum**
tätig (Adj.)	Tätig**keit**	beerdigen (Verb)	Beerdig**ung**
Pate(n) (Nomen)	Paten**schaft**	König (Nomen)	König**tum**
frisieren (Verb)	Fris**ur**	zeugen (Verb)	Zeug**ung**, Zeug**nis**
fremd (Adj.)	Fremd**heit**, Fremd**ling**	Arbeiter (Nomen)	Arbeiter**schaft**
neu (Adj.)	Neuig**keit**, Neu**heit** Neu**ling**	wandern (Verb)	Wander**ung**, Wander**schaft**

66

ertragen, das Ertragen, zum besseren Ertragen, sein (geduldiges) Ertragen
aufbauen, das Aufbauen, zum schnelleren Aufbauen, dein (geplantes) Aufbauen
trinken, das (hastige) Trinken, beim Trinken, sein (vieles) Trinken
rechnen, das (schnelle) Rechnen, zum Rechnen, dein (kompliziertes) Rechnen
kochen, das (tägliche) Kochen, beim Kochen, mein (aufwendiges) Kochen
demonstrieren, das Demonstrieren, zum (langen) Demonstrieren, sein Demonstrieren
sitzen, das (lange) Sitzen, im Sitzen, ihr (langes) Sitzen
umstellen, das Umstellen, zum Umstellen, sein (schnelles) Umstellen

---

67

manches Vertraut**e**, manch Vertraut**es**
etwas Unangenehm**es**
nichts Essbar**es**
wenig Verwendbar**es**
alles Rein**e**
vieles Unverständlich**e**, viel Unverständlich**es**
einiges Verdorben**e**

68

Als meine Eltern vor einiger Zeit aus beruflichen Gründen verreisen mussten, erklärte sich die Schwester meines Vaters, Tante Frieda, sofort bereit, auf mich und meine Schwester aufzupassen.

Meine achtjährige Schwester Lisa freute sich über die willkommene Abwechslung. Mir blieb auch nichts anderes (anderes = Pronomen) übrig, als mich „zu freuen", denn meine Eltern „erpressten" mich mit dem Versprechen, mir die neue „Playstation" zu schenken.
Der erste Tag mit Tante Frieda brachte nichts Schlimmes. Sie ließ mich in Ruhe fernsehen und am Computer spielen. Nur manchmal fragte sie, wo sie irgendwelche Haushaltsgeräte, die sie zum Putzen und Reinigen des Hauses benötigte, finden könnte.
Am zweiten Tag hatte sie ihre Putz- und Aufräumwut schon bis in mein Zimmer getrieben. Beim Einsammeln meiner Kleidungsstücke vom Fußboden stöhnte sie kaum, beim Stapeln meiner Zeitschriften und Schulsachen zeigte sie große Geschicklichkeit und auch das stundenlange Lüften meines Zimmers bis zu Minusgraden machte ihr kaum zu schaffen. „Tante Frieda meint es nur gut mit mir, denn sie ist die Liebenswürdigkeit in Person!", beruhigte ich mich selbst und versuchte an die neue „Playstation" zu denken.
Als in meinem Zimmer nun alles Unordentliche nach Tante Friedas Ordnungssinn geordnet war, hoffte ich, das Ärgste überstanden zu haben.
„Ich muss nur mehr einen Tag aushalten! Das Kommen der Eltern ist nahe!", dachte ich. Doch es sollte noch schlimmer kommen, denn am dritten Tag von Tante Friedas Aufenthalt geschah etwas Schreckliches.

---

69 der Zug, der Bezug, der Aufzug, die Nähe, die Annäherung, die Ankunft, der Lauf (z. B. der Wettlauf, der Gewehrlauf), der Anlauf, der Verlauf, der Gesang, die Tat, der Täter

---

70

Fall (Kasus)	Frage	Singular (Einzahl)	Plural (Mehrzahl)
1. Fall	**Wer oder was?**	**der** Stamm	**die** Stämme
2. Fall	**Wessen?**	**des** Stammes	**der** Stämme
3. Fall	**Wem?**	**dem** Stamm	**den** Stämmen
4. Fall	**Wen oder was?**	**den** Stamm	**die** Stämme (**stark**)
1. Fall	**Wer oder was?**	**die** Blume	**die** Blumen
2. Fall	**Wessen?**	**der** Blume	**der** Blumen
3. Fall	**Wem?**	**der** Blume	**den** Blumen
4. Fall	**Wen oder was?**	**die** Blume	**die** Blumen (**stark**)
1. Fall	**Wer oder was?**	**das** Kraut	**die** Kräuter
2. Fall	**Wessen?**	**des** Krautes	**der** Kräuter
3. Fall	**Wem?**	**dem** Kraut	**den** Kräutern
4. Fall	**Wen oder was?**	**das** Kraut	**die** Kräuter (**stark**)

71

1. Wen oder was? 4. Fall
2. Wem? 3. Fall; Wen oder was? 4. Fall
3. Wem? 3. Fall; Wen oder was? 4. Fall
4. Wen oder was? 4. Fall
5. Wem? 3. Fall; Wer oder was? 1. Fall; Wen oder was? 4. Fall
6. Wer oder was? 1. Fall; Wem? 3. Fall; Wen oder was? 4. Fall
7. Wem? 3. Fall; Wer oder was? 1. Fall
8. Wem? 3. Fall; Wen oder was? 4. Fall
9. Wer oder was? 1. Fall; Wen oder was? 4. Fall
10. Wem? 3. Fall; Wen oder was? 4. Fall

72 Am dritten Tag von Tante Friedas Aufenthalt geschah, wie schon erwähnt, **etwas** wirklich Schreckliches.
Als ich genervt von der Schule nach Hause kam, hörte ich **das** Rattern der Nähmaschine aus der Küche.
„Gut, dass sie sich Näharbeit gefunden hat, so lässt sie meine Sachen wenigstens in Ruhe!", dachte ich beruhigt.
Beim Näherkommen sah ich, dass Frieda heftig mit einer Jeanshose kämpfte, mit meiner Jeanshose.
Stofffransen lagen am Boden, ein Hosenbein wurde gerade geendelt. Ich war den Tränen nahe. Diese Frau zerstörte gerade das Werk eines ganzen Jahres. So lange hatte es nämlich gedauert, bis meine Skaterhose so cool aussah, wie ich sie am Morgen verlassen hatte.
Strahlend vor Freude berichtete mir Tante Frieda: „Ich habe diese viel zu lange, ausgefranste Hose gekürzt und geflickt. Ich bin sofort fertig! Sie liegt gleich **zum** Anziehen bereit!"
Lächelnd erwartete sie Dank und Anerkennung, doch ich taumelte wortlos in mein Zimmer.
Ich hätte nie gedacht, dass ich mich über **das** Heimkommen meiner Eltern so freuen würde.
Ich freute mich natürlich auch über die versprochene „Playstation", aber sie half mir nicht über die Zerstörung meiner Lieblingshose hinweg.

---

73 Änderungen wurden fett geschrieben, höfliche Anrede zusätzlich noch unterstrichen.
Sehr geehrte Zeitung!
Seien Sie so gut und bringe**n Sie** das, was hier steht, in **Ihrer** nächsten Ausgabe. Ich möchte einmal dagegen protestieren, was man mit meinen Schwestern, den Hühnern, aufführt. Die werden in den Legefabriken, in den „Legebatterien", in winzig kleine Käfigboxen gesperrt, können sich kaum rühren, dürfen nicht im Freien herumlaufen, sehen ihr Lebtag keine Sonne und kein Gras und keine Bäume und überhaupt nichts. Nur Eier legen müssen sie, fressen und Eier legen, ihr ganzes kurzes Leben lang.
Ist das etwa in Ordnung? So etwas dürf**en Sie** (Menschen) nicht mit uns machen!
Sie könn**en** ja ruhig unsere Eier haben, wenn sie **Ihnen** schmecken, aber **Sie** soll**en** uns schon ein wenig besser behandeln. Das, was **Sie** hier mach**en**, ist Tierquälerei!
Schäm**en Sie sich**! Außerdem **sind Sie sich** anscheinend nicht im Klaren darüber, dass die Eier der Hühner aus den Batteriekäfigen viel schlechter sind als die Eier der freien Hühner. Nicht nur, dass **Sie** kein Herz hab**en, Sie haben** auch keinen Geschmack mehr.
Sehr traurig! Das wollte ich **Ihnen** einmal gesagt haben.
Hochachtungsvoll
Henne Hanna

74
2. Die Zuseher haben **ihre** Meinung geäußert.
3. Auch du musst **deine** Pflicht erfüllen!
4. Der Vater weist **sein** Kind an der Hand.
5. Sie konnte sich an **ihre** Zusage nicht mehr erinnern.
6. Wir werden **unseren** gemeinsamen Urlaub nie vergessen.
7. Er hat schon wieder **seinen** Schirm vergessen.
8. Ihr habt **euer** Auto falsch geparkt.
9. Sie hat **ihren** Ausweis verloren.
10. Die Wähler haben **ihre** Stimmen abgegeben.
11. Sehr geehrte Damen und Herren, Sie haben jetzt Gelegenheit, **Ihre** Anfragen an die Frau Bürgermeisterin zu richten.

75
1. Solche Schuhe habe ich in Braun.
2. Diese Sendung über Wale habe ich schon einmal gesehen.
3. Derselbe Mann war bereits Gast in einer anderen Talkshow.
4. Diejenigen, die eine Bestätigung haben, dürfen früher nach Hause gehen.
5. Er hatte dieselbe Geschichte schon einmal erzählt.
6. Setze dich doch auf diesen freien Sitzplatz!
7. Das ist doch die Höhe!

76
1. Das ist nicht die Schülerin, **die/welche** ich gestern hier gesehen habe.
2. Ich verstand die Frage nicht, **die/welche** mir meine Physiklehrerin gestellt hatte.
3. Er ist ein Mensch, auf **den (welchen)** du zählen kannst.
4. Nimm doch die neue Kreide, **die/welche** ich dir dort hingelegt habe.
5. Wir müssen auch auf die Rücksicht nehmen, **die/welche** langsam sind.
6. Die Schuhe, **die/welche** ich mir wünsche, sind zu teuer.
7. Der Hund, von **dem/welchem** du gebissen wurdest, wurde gefunden.

77
1. Sehr wenige Lehrer geben viel Hausübung. **Z, Z**
2. Gibt es etwas Neues? **Z**
3. Ist jemand zu Hause? **IP**
4. Bleibst du noch einige Minuten da? **Z**
5. Man konnte ihr viel Erfreuliches berichten. **IP, Z**
6. Er konnte nichts mehr sehen! **IP**
7. Ich habe nichts Trockenes mehr zum Anziehen. **Z**
8. Es wird wahrscheinlich niemand da sein. **IP**

78
1. Gestern gingen **e**inige aus unserer Klasse eislaufen.
2. Die **m**eisten Kinder konnten es schon recht gut.
3. Ich bin leider ein **p**aarmal hingefallen.
4. Da in den **l**etzten Tagen Tauwetter war, war über dem Eis **e**twas Wasser.
5. Mein Schianzug war schon **e**twas **n**ass geworden.
6. Leider hatte ich **n**ichts **T**rockenes zum Umziehen mit.
7. So musste ich **m**ehrere Stunden in nasser Kleidung verbringen.
8. Am nächsten Tag machte ich schon ein **p**aarmal husten.
9. Seit **e**inigen **S**tunden liege ich im Bett.
10. Ich hatte bald **a**lles **v**erschwitzt.
11. Meine Schulfreunde wünschten mir **a**lles **G**ute und baldige Genesung.

---

79 Subjekt = fett gedruckt, RP = unterstrichen
1. **Er** sollte sich lieber hinlegen.
2. Kümmerst **du** dich um die jungen Katzen?
3. **Wir** haben uns selbst die Haare geschnitten.
4. Habt **ihr** euch das wirklich getraut?
5. Gegen diese Ungerechtigkeit muss **ich** mich wirklich wehren!
6. **Harald** hat sich bis jetzt nicht gemeldet.
7. **Ich** möchte mich nicht wieder verspäten.
8. **Ihr** habt euch viel vorgenommen.
9. **Sie** haben sich im Einkaufszentrum verlaufen.
10. **Die Katze und der Hund** vertragen sich nicht.

80

1. Mit deinen Worten hast du mich sehr verletzt. **PP**
2. Die Krankenschwester bemüht sich sehr um den Patienten. **RP**
3. Ich erkläre es euch noch einmal. **PP**
4. Du wirst dich verletzen! **RP**
5. Warum glaubst du ihm nicht? **PP**
6. Sie hat sich nicht getraut. **RP**
7. So viel Geld habe ich nicht bei mir. **PP**
8. Er putzt sich dreimal täglich die Zähne. **RP**
9. Der Vater putzt ihm die Schuhe. **PP**
10. Gib mir bitte eine Antwort! **PP**
11. Ich schade mir ja nur selbst damit. **RP**

81

2. Du musst diesen Beamten unbedingt erreichen. **V, B – PP, DP**
3. Kannst du das beweisen? **V, V – PP, DP**
4. Er hat sich sehr schwer verletzt. **V, V – PP, RP**
5. Jemand steht vor deiner Tür. **V, B – IP, PoP**
6. Gibst du mir deine neue Telefonnummer? **V, V, B – PP, PP, PoP**
7. Ich trage seine alten Sachen. **V, B – PP, PoP**
8. Diese Übung war leicht. **B – DP**

82

Neulich sollte ich (PP) für meine (PoP) Mutter schnell einkaufen fahren. Sie (PP) hatte den Topfen für mein (PoP) Lieblingsgericht, Topfenknödel, vergessen.

Ich (PP) wollte mit meinem (PoP) Fahrrad zum Supermarkt fahren. Als ich (PP) den platten Reifen sah, wusste ich (PP), dass ich (PP) mir (ReP) schnell etwas Neues einfallen lassen müsste. Es (PP) war nicht einfach, mir (PP) von meinem (PoP) Bruder jenen (DP) neuen Scooter auszuborgen, den (RP) er (PP) zum Geburtstag bekommen hatte. Ich (PP) musste hoch und heilig versprechen, auf seinen (PoP) Scooter, den (RP) er (PP) erst seit einigen Tagen besaß, wie auf meinen (PoP) Augapfel aufzupassen. Auf dem Parkplatz des Einkaufzentrums stürzte ich (PP), als ich (PP) einem stehen gelassenen Einkaufswagen ausweichen musste. Dem Scooter war nichts (IP) passiert, aber dafür meinem (PoP) Knöchel. Aus dem Turnschuh blutete es (PP), sodass ich (PP) mit meinem (PoP) Taschentuch diesen (DP) verletzten Knöchel verbinden musste. Langsam fuhr ich (PP) nach Hause und litt still vor mich (ReP) hin, obwohl mein (PoP) Fußgelenk ziemlich stark schmerzte.

Meinem (PoP) Bruder, der (RP) schon sehnsüchtig auf sein (PoP) Gefährt wartete, sagte ich (PP) nichts (IP) von meinem (PoP) Missgeschick. Er (PP) hätte mir (PP) sonst den Scooter nie mehr geborgt.

Nur meine (PoP) Mutter ahnte etwas (IP), als sie (PP) die aufgeplatzen Topfenpackungen auf unserem (PoP) Küchentisch fand.

Ich (PP) muss auch zugeben: Dieses (DP) Mal konnte ich (PP) meine (PoP) Topfenknödel nicht so richtig genießen.

83

2. In dem großen Garten wachsen alte Obstbäume. **schwach, stark**
3. Fred musste sich neue Fußballschuhe kaufen. **stark**
4. Mit großer Freude verkündeten sie die gute Nachricht. **stark, schwach**
5. Veronika zeigte mir ihre (die) vielen Zeitungsausschnitte. **schwach**
6. Ich schwimme gerne in diesem warmen Thermalwasser. **schwach**
7. Gießt du mir bitte warmes Wasser in das kleine Becken? **stark, schwach**
8. Der neue Fahrradschlauch hatte winzig kleine Löcher. **schwach, stark**

9. Gerda möchte bei schlechtem Wetter lieber zu Hause bleiben. **stark**
10. Stefan will aber bei diesem schlechten Wetter spazieren gehen. **schwach**
11. Unser junger Hund vergräbt die alten Suppenknochen im Garten. **schwach**
12. Ferdinand läuft mit seinen schmutzigen Schuhen über den weißen Teppich. **schwach, schwach**

84

tragen – **tragbar**
wackeln – **wackelig**
Furcht – **furchtsam, fürchterlich, furchtbar**
Freund – **freundlich**
Arzt – **ärztlich**
kleiden – **kleidsam**
fälschen – **fälschlich**
Bart – **bärtig**
Feind – **feindlich**
Leser – **leserlich, lesbar**
Telefon – **telefonisch**
Nahrung – **nahrhaft**

85

1. Geben Sie mir ein Dutzend Eier, aber bitte nur **braune**!
2. Er isst gerne Schokolade, besonders die **weiße**.
3. Sie trägt gerne Hosen, aber nur **enge**.
4. Er sammelt Briefmarken, vor allem **ausländische**.
5. Erika liebt Autos, besonders die **schnellen**.
6. Gib mir bitte ein paar Zwetschken, aber nur **weiche**!
7. Günter interessiert sich für Kunst, besonders für die **moderne**.
8. Vor dem Gewitter fürchteten sich die Kinder, besonders die **kleinen**.

86

Positiv/Grundstufe	**Komparativ/Mehrstufe**	**Superlativ/Meiststufe**
leicht	leichter	(am) leichtesten
heiß	heißer	(am) heißesten
viel	mehr	(am) meisten
schmutzig	schmutziger	(am) schmutzigsten
kalt	kälter	(am) kältesten
gut	besser	(am) besten
jung	jünger	(am) jüngsten
hoch	höher	(am) höchsten
tot	–	–
leer	–	–

87

1. Mein bester Freund schenkte mir das neueste Computerspiel. **at, at**
2. Bitte ziehe dir deine schmutzigen Schuhe im Vorraum aus! **at**
3. Er ist freundlich. **pr**
4. Sie grüßte mich sehr freundlich. **ad**
5. Hast du schon den neuesten Zeichentrickfilm im Kino gesehen? **at**
6. Ich bin gut im Kopfrechnen. **pr**
7. Er tanzt hervorragend Walzer. **ad**
8. Sie kocht die besten Spaghetti. **at**

88

Infinitiv	1. Partizip als Adjektiv	2. Partizip als Adjektiv
verblühen	verblühende Rosen	verblühte Rosen
malen	ein malender Künstler	ein gemaltes Bild
verschwinden	verschwindendes Licht	eine verschwundene Insel
schreiben	ein schreibendes Kind	ein geschriebener Brief
kochen	kochendes Wasser	ein gekochtes Ei
quietschen	quietschende Keilriemen	gequietschte Laute
schleudern	eine schleudernde Waschmaschine	geschleuderte Wäsche
wechseln	wechselndes Wetter	gewechseltes Geld

89

1. Er wünschte mir alles **L**iebe und **G**ute zum Geburtstag.
2. Kurt erwartete ein **gr**oßes Paket.
3. Warum kommen die **a**nderen nicht mit?
4. Wir hatten alles **v**erloren.
5. Das **B**este hatte er für den Schluss aufgehoben.
6. Wir wollten ihm nichts **B**öses antun.
7. Er hatte selbst nicht **v**iel zu tragen.
8. Florian hatte etwas **E**ssbares dabei.
9. Das **G**rüne auf dem Käse ist Schimmel.
10. Er trägt ein **r**osa Sakko.
11. Endlich durften auch die **b**eiden gehen.
12. Auf dieser Insel gibt es wenig **G**rünes.
13. Die **a**lte Kuh gibt nicht **g**enug Milch.
14. Er teilte das **W**enige, das er hatte, mit **a**llen **a**nderen.
15. Am **b**esten (Steigerungsform) ist, du gibst gleich **a**lles zu.

90 + 91

Adjektive und als Adjektive verwendete Wörter sind unterstrichen, nominal gebrauchte Adjektive und Partizipien (+ Begleiter) sind fett gedruckt.

Jedes kleine (at) Kind kennt heute die Kartoffel, aber das war nicht immer so.
Vor langer, langer (at) Zeit reiste ein Engländer nach Amerika und lernte dort diese nahrhafte (at) Knolle kennen. Sie wurde von den Einwohnern Amerikas gern (= Adverb) gegessen, und sie schmeckte ihnen auch sehr gut (ad).
So dachte **der Reisende**, dass auch für seine Landsleute zu Hause diese schmackhafte (at) „Erdfrucht" ein wichtiges (at) Nahrungsmittel werden könnte.
Er schickte einige braune (at) Knollen seinem besten (at) Freund nach England und bat ihn herzlich (ad), diese neuartige Frucht in seinem großen (at) Garten anzubauen.
Der Beschenkte legte die kleinen (at) Knollen in die schwarze (at) Erde, und – siehe da – sie trieben grobe (at) Stängel. Bald darauf zeigten sich dunkelgrüne (at) Blätter und weiße, schöne (at) Blüten. Aus diesen zarten (at) Blumen entstanden kugelrunde, giftgrüne (at) Perlen.
Der Engländer meinte, das seien die umjubelten (at) Früchte, und ließ sie vorsichtig (ad) einsammeln.
Er lud einige wichtige (at) und angesehene (at) Herrn Englands ein und ließ die neue (at) Spezialität kochen und servieren. **Das Gekochte** schmeckte jedoch abscheulich (ad), auch nachdem es mit süßem (at) Honig und etwas Zimt bestreut worden war.
Den hohen (at) Herrn war vom Verzehr der vermeintlichen (at) Kartoffeln schlecht (pr) geworden, und auch der Magen drückte sie heftig (ad). Zornig (ad) ließ **der Enttäuschte** die Kartoffelstauden ausreißen und ins Feuer werfen.

Sein Gärtner war aber <u>neugierig</u> (pr) und zertrat eine <u>gebratene</u> (at) Knolle, die noch an den Wurzeln der Staude hing. Sie duftete <u>herrlich</u> (ad), und so kostete sie der Mann und fand sie sehr <u>wohlschmeckend</u> (ad).
Er berichtete <u>eilig</u> (ad) seinem Herrn von dieser <u>erstaunlichen</u> (at) Entdeckung, und dieser überzeugte sich selbst von **dem Erfreulichen**.
Von nun an wurden die „Erdknollen" <u>berühmt</u> (pr). Bald pflanzten nicht nur <u>reiche</u> (at) Leute die <u>nahrhafte</u> (at) Knolle in ihrem Garten an, sondern auch <u>arme</u> (at) (Leute) ernteten die Erdäpfel auf ihren Feldern.
Heute ist die Kartoffel <u>weltweit</u> (ad) verbreitet und wird in <u>zahllosen</u> (at) Variationen serviert. Welche Kartoffelspeise schmeckt dir am <u>besten</u> (ad)?

---

92 schön – Adjektiv; schöner – am schönsten
links – Adverb
oben – Adverb
brav – Adjektiv; braver – am bravsten
sehr – Adverb
anfangs – Adverb
draußen – Adverb
schnell – Adjektiv; schneller – am schnellsten
blindlings – Adverb
stark – Adjektiv; stärker – am stärksten

93

1. Wenn wir den Alarm hören, müssen wir sofort **hinaus**.
2. Die Landschaft sah von **oben** wie ein Spielzeugland aus.
3. Der Platz ist gut gelegen. Wir werden **hier** übernachten.
4. Er ist schon **weg**. Um fünf Uhr hat er das Büro verlassen.
5. Leonie hat sich **nirgends** so wohlgefühlt wie bei dir.
6. **Irgendwo** habe ich meine Brille liegen lassen.

94

1. Das Flugzeug versuchte <u>hier</u> eine Notlandung.
2. <u>Morgens</u> trinke ich immer Tee.
3. <u>Gern</u> würde ich dich zum Essen einladen.
4. <u>Anfangs</u> hatte ich große Bedenken.
5. <u>Deshalb</u> wollte er <u>dorthin</u> nicht mitkommen.
6. <u>Nun</u> beeile dich!
7. Die Füllfeder habe ich <u>hierher</u> gelegt.
8. Die Nachhilfestunde findet <u>früher</u> statt.
9. Sie war <u>ziemlich</u> verärgert.
10. Bei diesem Wetter müssen wir <u>drinnen</u> spielen.
11. Er hat <u>irgendwo</u> sein Handy liegen gelassen.
12. <u>Manchmal</u> reißt mir die Geduld!
13. <u>Neulich</u> war ich mit ihr <u>dort</u> einkaufen.
14. Es ist <u>nie</u> zu spät, um mit dem Lernen zu beginnen.
15. Er fühlt sich <u>sehr</u> wohl.

Adverbien des Ortes: hier, dorthin, hierher, drinnen, irgendwo, dort
Adverbien der Zeit: morgens, anfangs, nun, früher, manchmal, neulich, nie
Adverbien der Art und Weise: gern, ziemlich, sehr
Adverbien des Grundes: deshalb

95 1. Nach der Schule gehe ich heute zum Reitunterricht. **Wann? Temporaladverb**
2. Das hätte ich beinahe vergessen. **Wie? Modaladverb**
3. Ich würde sehr gerne für euch kochen. **Wie? Wie sehr? Modaladverb**
4. Er muss diese Zahnspange immer tragen. **Wann? Wie lange? Temporaladverb**
5. Sie korrigierte die Schularbeiten außerordentlich schnell. **Wie? Modaladverb**
6. Ich lief ziemlich schnell hinunter. **Wie? Modaladverb**
7. Früher mussten wir zu Fuß gehen. **Wann? Temporaladverb**
8. Er isst das besonders gern. **Wie? Wie sehr? Modaladverb**
9. Hier ist die letzte Tankstelle vor der Grenze. **Wo? Lokaladverb**
Darum sollten wir hier tanken **Weshalb? Kausaladverb**
10. Ob wir ihn jemals wiedersehen? **Wann? Temporaladverb**

---

96 1. Nach dieser Straße müssen wir links abbiegen. **Adverb, Wo? Wohin?**
2. Sie hat sich ein schnelles Auto gekauft. **Adjektiv als Attribut, Welches? Was für ein?**
3. Wir schlafen hier. **Adverb, Wo?**
4. Von dort müsste er kommen. **Adverb, Von wo?**
5. Er möchte seinen neuen Pullover anziehen. **Adjektiv als Attribut, Welchen? Was für einen?**
6. Diese Jacke habe ich neu gekauft. **Adjektiv adverbiell gebraucht, Wie?**
7. Leider mussten wir gestern abreisen. **Adverb, Wann?**
8. Walter besitzt einen großen Garten. **Adjektiv als Attribut, Welcher? Was für ein?**
9. Das Klassentreffen findet jährlich statt. **Adverb, Wann?**
10. Im neuen Jahr zieht er hier aus. **Adjektiv als Attribut, Welches? Was für eines?; Adverb, Wo?**

---

97 da, oben, allerdings, oft, also, stündlich, gern, sehr, nachts, kürzlich, unten, vergeblich, deshalb

---

98 2. Sie wusste daher ziemlich genau Bescheid. **Modaladverb – adverbiell gebraucht**
3. Er trug eine lange Hose. **Adjektiv – attributiv gebraucht**
4. Am frühen Abend werden wir dort erscheinen. **Temporaladverb – attributiv; Lokaladverb – adverbiell**
5. Außen war das Buch voll mit Tinte. **Lokaladverb – adverbiell**
6. Ich komme gleich dorthin. **Temporal-, Lokaladverb – adverbiell**
7. Er war kaum eingeschlafen, läutete das Telefon. **Modaladverb – adverbiell**
8. An so einem besonderen Tag möchte ich dich nicht stören. **Modaladverb – attributiv gebraucht**
9. Zum jetzigen Zeitpunkt kann man gar nichts sagen. **Temporaladverb – attributiv gebraucht**
10. Wir verließen trotzdem unseren sicheren Platz. **Kausaladverb – adverbiell**

---

99 **Wer einmal lügt ...**

Ein junger Hirte machte sich oft einen Spaß daraus, seine Nachbarn zu ängstigen.
Er saß täglich vor seiner Hütte und hütete dort seine Schafe. Bald wurde ihm langweilig und er schrie deshalb: „Helft mir! Ein Wolf greift an!“
Die Nachbarn eilten sofort herbei, um ihn zu helfen.
Er aber lachte nur über die umsonst Herbeigeeilten, denn es war kein Wolf zu sehen. Dieser „Scherz“ war ihm mehrmals gelungen. Deswegen ärgerten sich die Dorfbewohner sehr.

Bald fiel wirklich ein Wolf in seine Herde ein und der Junge schrie: „Zu Hilfe, zu Hilfe, meine Brüder! Ein Wolf reißt meine Schafe! Heute lüge ich nicht, glaubt mir!" Seine Nachbarn hörten seine Notrufe von draußen, allerdings blieben sie in ihren Hütten drinnen. Niemand glaubte ihm noch und kurzerhand riss der Wolf einen sehr großen Teil seiner Herde.

Adverbien des Ortes: dort, draußen, drinnen
Adverbien der Zeit: oft, täglich, bald, sofort, mehrmals, bald, heute
Adverbien der Art und Weise: nur, umsonst, sehr, allerdings, noch, kurzerhand, sehr
Adverbien des Grundes: deshalb, deswegen

100

1. In den Sommerferien besuche ich einen Sprachkurs **und** mache mit meinen Eltern anschließend einen Campingurlaub.
2. Mein Vater geht mit uns ins Kino **(,) oder** er fährt mit uns in den Prater.
3. Erich kommt morgen nicht**, aber** dafür besucht er uns nächste Woche.
4. **Während** ich telefonierte, brannte der Kuchen im Backrohr an.
5. Yusuf hat das Freifach „Kochen" gewählt**, weil** er Koch werden möchte.
6. **Als** wir gestern am Abend ankamen, waren alle Parkplätze besetzt.
7. Dorothea spielt sehr gut Geige**, obwohl** sie dieses Instrument erst seit zwei Jahren lernt.
8. Wir fuhren früher als geplant nach Hause**, denn** Hans hatte sich das Bein gebrochen.
9. **Während** wir mit dem Aufräumen beschäftigt waren, kochte er für uns das Abendessen.
10. Petra geht morgen zum Friseur **und** lässt sich die Haare färben.

101

HS: Personalform des Verbs steht an 2. Stelle.
GS: Personalform des Verbs steht an letzter Stelle.

1. Sie freuten sich, als er endlich kam. **unterordnend**
2. Helena möchte Tierpflegerin werden **(,)** oder sie möchte Tiermedizin studieren. **nebenordnend**
3. Anna gewann beim Redewettbewerb in Deutsch **(,)** und sie bekam auch das beste Zeugnis in unserer Klasse. **nebenordnend**
4. Fred schreibt immer die gleichen Sätze**,** denn ihm fällt nichts Neues ein. **nebenordnend**
5. Ich lerne Latein**,** weil ich später Medizin studieren möchte. **unterordnend**
6. Simon kauft sich ein neues Handy**,** obwohl er schon eines hat. **unterordnend**
7. Da Matthias jetzt neue Turnschuhe braucht**,** bekommt er sie schon vor seinem Geburtstag. **unterordnend**
8. Jörg fährt auf Schikurs mit**,** oder er bleibt zu Hause und besucht die Schule. **2 x nebenordnend**
9. Harald geht nach der dritten Stunde weg**,** denn er muss zum Zahnarzt. **nebenordnend**
10. Unsere ausländischen Freunde bleiben eine Woche **und** wollen sich Wien anschauen. **nebenordnend**

102

2. **Das** gehört nicht hierher. **Demonstrativpronomen**
3. Gehört **das** Besteck in diese Lade? **Artikel**
4. **Das** Treffen der Klassensprecher, **das** vom Schulsprecher einberufen wurde, findet schon heute statt. **Artikel; Relativpronomen**
5. Hast du **das** Läuten nicht gehört? **Artikel**

6. **Das** Abschreiben der Vokabeln hilft mir, **dass** ich sie mir besser merke.
   Artikel; Konjunktion
7. Ich finde **das** unerhört, **dass** sie sich **das** Seidentuch einfach mitnimmt!
   Demonstrativpronomen; Konjunktion; Artikel
8. Ich finde, **dass** ihr **das** Kleid, **das** sie gestern getragen hat, wirklich gut steht.
   Konjunktion; Artikel; Relativpronomen
9. Meinst du **das** wirklich? **Demonstrativpronomen**
10. **Das** ist **das** älteste Badehaus der Stadt, **das** schon von den Römern besucht wurde.
    Demonstrativpronomen; Artikel; Relativpronomen

103

1. Ich denke **an** dich. **4. Fall**
2. Der Bettler bittet **um** etwas Essbares. **4. Fall**
3. Die Tochter sorgt sich **um** den alten Vater. **4. Fall**
4. Sie sorgen **für** den kleinen Waisenknaben. **4. Fall**
5. Der kleine Daniel fürchtet sich **vor** dem Donner. **3. Fall**
6. Sie geht **mit** dem Hund spazieren. **3. Fall**
7. Diese Tücher riechen **nach** etwas Modrigem. **3. Fall**
8. Sie lehnt sich **gegen** den Türstock. **4. Fall**
9. Drago bäckt eine Torte **anstelle** eines Strudels. **2. Fall**
10. Der Tourist fragt uns **nach** dem schnellsten Weg **zum** (**zu dem**) Bahnhof. **3. Fall; 3. Fall**

104

1. Peter hat sich beim **Langlaufen** den Arm gebrochen.
2. Sie erledigt diese Arbeit im **Sitzen**.
3. Beim **Liegen** spüre ich keinen Schmerz.
4. Sie laufen im **Nassen**.
5. Vom **vielen Schreiben** schmerzt mich die Hand.
6. Zum **schnelleren Arbeiten** benötigt sie einen neuen Computer.
7. Werner isst immer im **Stehen**.
8. Ich fahre zum **billigsten** Supermarkt.
9. Amina verkauft das Moped zum **niedrigsten** Listenpreis.
10. Vom **vielen Gießen** sind die Blätter ganz gelb.

105

Nomen: die Fahrt, die Grube, das Zeug, die/das Zeugen, der Unsinn, das Gut, die Güte, der Gast, der/die Kunde, die Seide, der/das Band

Verb: (ihr) fahrt, absondern, grub, rannte, führt, führe (Konjunktiv II), zeugen, fiel, ging, gekommen, ist, seid, (er) band, borgen

Adjektiv: schnell, klein, jung, gut, kühn, besser, platt, sauber, wunderbar, alt, hell, höher, hoch, viel

Adverb: vorher, oben, hier, drinnen, vorne, so, sehr, immer, dort, unten

Präposition: zwischen, aus, vor, für, von, unter, nach, beim (bei dem), auf, seit, gegen, anstatt

Konjunktion: indem, ob, daher, aber, sondern, weil, dass, und, nachdem, als, oder, seit

---

106

Zeile 1: **Dass** (**K**) ich meine letzten Osterferien …
Zeile 3: … da **das** (**A**) Halbjahrszeugnis …
Zeile 4: … und **das** (**A**) sehenswerte London kennenlernen …
Zeile 7: Und so war **das** (**DP**) dann auch!
Zeile 8: Ich hatte **das** (**A**) Schlimmste erwartet …
Zeile 10: **Das** (**A**) Lernen am Vormittag …

Zeile 12: ... so, **dass** (**K**) er uns einen Witz erzählte.
Zeile 13: ... englischer Humor war nicht **das** (**DP**), was wir so...
Zeile 14: ... daher fiel **das** (**A**) Lachen oft aus.
Zeile 15: ... fanden wir **das** (**DP**) sehr witzig und brüllten ...
Zeile 17: **Das** (**A**) Leben in meiner Gastfamilie ...
Zeile 18: ... Pastors, **das** (**DP**) ist ein englischer Pfarrer ...
Zeile 20: ... liebenswürdig, **sodass** (**K**) ich kaum Heimweh hatte.
Zeile 22: ... Herz und zeigte mir **das** (**DP**) auch.
Zeile 24: ... Tablett, auf **das** (**RP**) sie ...
Zeile 26: Ich bedankte mich für **das** (**A**) Servierte ...
Zeile 27: ... wollte, **dass** (**K**) ich den Tee ...
Zeile 28: „**Das** (**DP**) ist sehr gesund ...
Zeile 29: Sie versicherte mir stolz, **dass** (**K**) dieser Tee ...
Zeile 30: ... traditionellen Rezept zubereitet sei, **das** (**RP**) in ihrer Familie ...
Zeile 32: ... sofort, **dass** (**K**) **das** (**A**) Getränk nicht meine ...
Zeile 34: ... Jugendlichen, die **das** (**DP**) schon trinken mussten.
Zeile 37: ... und ich nutzte **das** (**DP**) sofort aus ...
Zeile 39: ... und Tee, weil mir **das** (**DP**) ja so gut schmeckte.
Zeile 41: ... rechnen, **dass** (**K**) sie **das** (**A**) freundliche Lob ...
Zeile 44: ... nach ihrem Verschwinden **das** (**A**) Übrige der Tasse in die Vase.
Zeile 45: ... war **das** (**A**) Gefäß am dritten Tag voll, und so musste **das** (**A**) kleine ...
Zeile 48: **Das** (**DP**) störte mich weiters nicht ...
Zeile 50: ... wenn sie **das** (**A**) Geheimnis der Gefäße ...
Zeile 51: Ich wollte mir **das** (**DP**) lieber nicht ausmalen.
Zeile 52: ... **dass** (**K**) es zu Pfingsten war ...
Zeile 54: ... und Sachertorte, **das** (**RP**) ihnen ...
Zeile 56: Ich hoffe nur, **dass** (**K**) sie **das** (**DP**) wirklich ehrlich meinten ...

---

107 „Wir (**PP**) brechen (**Verb**) jetzt (**Zeitadverb**) auf", sagte (**Verb**) ich (**PP**) zum (**Präp***) Bauern (**Nomen**). „Vielen, vielen (**2x Adj**) Dank (**Nomen**) für (**Präp**) deine (**PoP**) Hilfe (**Nomen**). Und (**K**) euch (**PP**), Sebastian (**Nomen**) und (**K**) Theresa (**Nomen**), danke (**Verb**) ich (**PP**) auch (**Modaladverb**) von (**Präp**) Herzen (**Nomen**)!"
Der (**A**) Bauer (**Nomen**) und (**K**) die (**A**) Kinder (**Nomen**) wünschten (**Verb**) mir (**PP**) viel (**Adj**) Glück (**Nomen**) und (**K**) machten (**Verb**) sich (**ReP**) auf (**Präp**) den (**A**) Heimweg (**Nomen**). Die (**A**) Hühner (**Nomen**) standen (**Verb**) um (**Präp**) mich (**PP**) herum (**Lokaladverb**) und (**K**) sahen (**Verb**) mich (**PP**) erwartungsvoll (**Adj**) an.
„Liebe (**Adj**) Schwestern (**Nomen**)", sagte (**Verb**) ich (**PP**), „wir (**PP**) müssen (**Modalverb**) nun (**Zeitadverb**) sehr (**Modaladverb**) weit (**Adj**) gehen (**Verb**). Ich (**PP**) weiß (**Verb**), dass (**K**) ihr (**PP**) das (**A**) Gehen (**Nomen**) nicht (**N**) gewohnt (**Verb**) seid (**Hilfsverb**) und (**K**) dass (**K**) es (**PP**) für (**Präp**) euch (**PP**) nicht (**N**) leicht (**Adj**) sein (**Hilfsverb**) wird (**Hilfsverb**). Aber (**K**) ihr (**PP**) müsst (**Modalverb**) durchhalten (**Verb**). Ihr (**PP**) müsst (**Modalverb**) durchhalten (**Verb**), sonst (**K**) war (**Hilfsverb**) alles (**Zahlwort**) umsonst (**Modalverb**)!"
Die (**A**) Hühner (**Nomen**) nickten (**Verb**) eifrig (**Adj**) und (**K**) konnten (**Modalverb**) es (**PP**) kaum (**Modaladverb**) erwarten (**Verb**) loszugehen (**Verb**).
Ich (**PP**) ließ (**Verb**) sie (**PP**) eine (**unb. A**) Dreierreihe (**Nomen**) bilden (**Verb**) und (**K**) schärfte (**Verb**) ihnen (**PP**) ein möglichst (**Modalvadverb**) wenig (**Adj**) zu (**Präp**) gackern (**Verb**) und (**K**) auf (**Präp**) dem (**A**) Weg (**Nomen**) keinen (**IP**) Kot (**Nomen**) zu (**Präp**) hinterlassen (**Verb**), weil (**K**) man (**IP**) uns (**PP**) sonst (**Modaladverb**) schnell (**Adj**) finden (**Verb**) würde (**Hilfsverb im Konjunktiv II**).

Nun (**Zeitadverb**) setzte (**Verb**) ich (**PP**) mich (**ReP**) an (**Präp**) die (**A**) Spitze (**Nomen**) des (**A**) Zuges (**Nomen**) und (**K**) wir (**PP**) maschierten los (**Verb**). Zuerst (**Zeitadverb**) gingen (**Verb**) wir (**PP**) ein (**unb. A**) Stück (**Nomen**) durch (**Präp**) den (**A**) Wald (**Nomen**), dann (**K**) erreichten (**Verb**) wir (**PP**) den (**A**) Schotterweg (**Nomen**), der (**RP**) ins (**Präp**) Gebirge (**Nomen**) führte (**Verb**).
Zwischendurch (**Zeitadverb**) flog (**Verb**) ich (**PP**) immer wieder (**2x Zeitadverb**) die (**A**) einen (**best. Zahlwort**) Kilometer (**Nomen**) lange (**Adj**) Kolonne (**Nomen**) zurück, schaute (**Verb**), ob (**K**) alles (**IP**) in (**Präp**) Ordnung (**Nomen**) war (**Hilfsverb**), und (**K**) sprach (**Verb**) meinen (**PoP**) Schwestern (**Nomen**) Mut (**Nomen**) zu.
Es (**IP**) fiel (**Verb**) mir (**PP**) auf, dass (**K**) sie (**PP**) nun (**Zeitadverb**) viel (**Adj**) weniger (**Adj**) stotterten (**Verb**) als (**K**) im (**Präp***) Gefängnis (**Nomen**).
Anscheinend (**Modaladverb**) hatten (**Hilfsverb**) sie (**PP**) mit (**Präp**) der (**A**) Freiheit (**Nomen**) auch (**Modaladverb**) eine (**unb. A**) fast (**Modaladverb**) normale (**Adj**) Sprache (**Nomen**) erlangt (**Verb**). Ich (**PP**) freute (**Verb**) mich (**ReP**) sehr (**Modaladverb**).
Achtung: Die unterstrichene Verben zeigen eine Verbklammer an!

108
1. **Haben, sein, werden** sind **Hilfsverben**.
2. Dieser Satz steht im **Vorgangspassiv**.
3. **Dieser, diese, dieses** sind **Demonstrativpronomen**.
4. Eine Verbform ohne Personalendung bezeichnet man als **infinite Form**.
5. Artikel sind **Begleiter** des Nomens.
6. Das Geschlecht eines Nomens wird angezeigt durch **den Artikel**.
7. Schwache Beugung eines Nomens erkennst du **an der Endung des 2. Falles**.
8. **Und, auch, oder, aber, sondern, denn** sind **nebenordnende Konjunktionen**.
9. **Man, niemand, jeder, alle, beide, etwas** sind **Indefinitpronomen**.
10. Als Ersatzwort für den Dativ kannst du **mir** nehmen.

109
1. richtig
2. richtig
3. falsch
4. falsch
5. falsch
6. richtig
7. richtig
8. richtig
9. falsch
10. richtig
11. falsch
12. falsch
13. richtig
14. falsch
15. richtig
16. falsch
17. falsch
18. richtig
19. falsch
20. richtig

Richtigstellung:
3. Die **finite Form** des Verbs ist die **bestimmte Form** des Zeitworts.
4. **Meinen, scheinen, pflegen** sind **modifizierende Verben**.
5. Der **Konjunktiv** ist die **Möglichkeitsform**.
9. Der **Imperativ** ist die **Befehlsform**.
11. Die **Beugung des Nomens** nennt man **Deklination**.
12. Das **Adverb** nennt man auch **Umstandswort**.
14. **Unterordnende Konjunktionen** können **Gliedsatz** und **Hauptsatz** verbinden.
16. Das **Vorgangspassiv** wird mit **werden + 2. Partizip** gebildet.
17. Die **Abwandlung des Verbs** nennt man **Konjugation**.
19. Das **Partizip Präsens** (z. B. laufend) wird auch **1. Partizip** genannt.

110

1. Perfekt, Plusquamperfekt, Futur I und Futur II sind **zweiteilige** Zeitformen. Zur Bildung benötigst du ein **Hilfsverb** und ein **Vollverb**.
2. Konjunktiv I verwendest du für die **indirekte** Rede, Konjunktiv II, um scheinbar **Unmögliches** auszudrücken.
3. Unbestimmte Zahlwörter schreibst du immer **klein**, auch wenn ein Artikel davor steht.
4. Das Personalpronomen ist ein **Vertreter** für ein Nomen.
5. Das Possessivpronomen steht **vor** einem Nomen oder **statt** eines Nomens.
6. Adverbien machen nähere Angaben zu **Zeit, Grund, Ort, Art und Weise**.
7. Ein Relativpronomen bezieht sich meist auf ein **Nomen** des übergeordneten Satzes.
8. Man unterscheidet zwei Arten von Bindewörtern: **nebenordnende** und **unterordnende**.
9. Präsens und Präteritum sind **einteilige** Zeitformen. Sie werden mit einem **Vollverb** gebildet.
10. Ein Adjektiv erkennst du daran, dass es **gesteigert** werden kann.
11. Präpositionen stehen **vor** Nomen oder Pronomen.
12. Für die Konjunktion „dass" kannst du **kein** Ersatzwort einsetzen.
13. Das Wörtchen „das" kann ein Artikel, ein **Demonstrativpronomen** oder ein **Relativpronomen** sein.
14. Als Probe für den 3. Fall kannst du **mir** einsetzen, für den 4. Fall **mich**.

111

lateinische Bezeichnung	deutsche Bezeichnung
Indikativ	Wirklichkeitsform
Präsens	Gegenwart
Präteritum	Mitvergangenheit
Plusquamperfekt	Vorvergangenheit
Perfekt	Vergangenheit
Partizip	Mittelwort
Verb	Zeitwort
Dativ	3. Fall
Konjunktiv	Möglichkeitsform
Futur I	Zukunft
Hilfsverb	Hilfszeitwort
Adverb	Umstandswort
Infinitiv	Nennform
Adjektiv	Eigenschaftswort
Genitiv	2. Fall
Nominativ	1. Fall
Imperativ	Befehlsform
Numerale	Zahlwort
Possessivpronomen	besitzanzeigendes Fürwort
Relativpronomen	bezügliches Fürwort
Personalpronomen	persönliches Fürwort
Demonstrativpronomen	hinweisendes Fürwort
Indefinitpronomen	unbestimmtes Fürwort
Konjunktion	Bindewort
Präposition	Vorwort
Reflexivpronomen	rückbezügliches Fürwort
Nomen	Namenwort, Hauptwort
Akkusativ	4. Fall

112	Bogdan	ist	nach der Schule	zu seinem Freund	gegangen.
	Bogdan	ist	zu seinem Freund	nach der Schule	gegangen.
	Zu seinem Freund	ist	Bogdan	nach der Schule	gegangen.
	Nach der Schule	ist	Bogdan	zu seinem Freund	gegangen.

---

113 + 115

Prädikat, **Subjekt**, * Reflexivpronomen gehört zum Prädikat

1. Hinter dem Kinderspielplatz befindet sich* **eine kleine Wiese**. (3)
2. Dort haben **wir** einander* öfters getroffen. (Hilfsverb + Verb) (5)
3. **Max, Jan, Lejla und ich** spielen auf dieser Wiese Fußball. (4)
4. Letztens schauten uns **vier türkisch sprechende Buben** zu. (Verb + Zusatz) (4)
5. **Wir** verstanden sofort ihre Absicht. (4)
6. **Sie** wollten gegen uns spielen. (Modalverb + Verb)(3)
7. Seit ein paar Wochen treffen **wir** einander* auf unserer Fußballwiese. (4)
8. **Es** macht allen großen Spaß.(4)
9. **Fußball** ist wirklich **eine „internationale Sprache"**. (Gleichsetzungsglied) (4)

---

114 + 116

Subjekt, Prädikat, * Reflexivpronomen gehört zum Prädikat

1. Demnächst wird **der neue Sportplatz** eröffnet. (3)
2. Auf diesem großen Gelände wird **es** auch einen Baseballplatz geben.(5)
3. **Mein Bruder und ich** möchten dort gerne spielen. (4)
4. **Wir** interessieren uns* für dieses Ballspiel seit unserem Amerikaaufenthalt. (4)
5. Im Internet habe **ich** die komplizierten Regeln nachgelesen. (4)
6. Die notwendige Ausrüstung haben uns **unsere Eltern** aus Amerika mitgebracht. (5)
7. Vielleicht begeistern sich* auch **andere** für diese Sportart.(5)
8. **Ich** kann das erste Training kaum erwarten. (4)

117

Subjekt: 1. Fall, Wer oder was?

1. Zu Schulbeginn haben **wir** drei neue Schüler (O4, Wen oder was?) in unsere Klasse bekommen.
2. **Unser Klassenvorstand** setzte mich (O4, Wen oder was?) neben eine neue Schülerin.
3. **Ich** sollte mich ihrer (O2, Wessen?) annehmen.
4. Anfangs war **ich** von dieser Idee gar nicht begeistert.
5. Lieber wollte **ich** neben meiner Nachbarin aus dem Vorjahr sitzen.
6. **Die Neue** trägt verrückte Kleidung (O4, Wen oder was?) und hat kurze rote Haare (O4, Wen oder was?).
7. **Sie** ist aber sehr nett und auch schlau.
8. Gestern erklärte **sie** mir (O3, Wem?) eine schwierige Rechenaufgabe (O4, Wen oder was?) und rühmte sich nicht ihres Wissens (O2, Wessen?).
9. Morgen wollen **wir** gemeinsam Englischvokabeln (O4, Wen oder was?) lernen.
10. **Wir** reden oft über Mode und Musik, und **sie** hat einen guten Geschmack (O4, Wen oder was?).
11. **Wir** entdecken viele gemeinsame Interessen (O4, Wen oder was?).
12. Vielleicht kann **sie** mich (O4, Wen oder was?) auch gut leiden, und **wir** werden gute Freundinnen (O1, Gleichsetzungsnominativ).

118

1. Ich habe von meine**m** Freund eine**n** kleine**n** Begleiter aus Plüsch geschenkt bekommen.
2. Robbi, so heißt das Plüschtier, hängt an meine**m** Rucksack.
3. Ich nehme de**n** kleine**n** Glücksbringer überallhin mit.
4. Wenn wir eine**n** Test schreiben, sitzt Robbi auf meine**m** Federpennal.
5. Wenn ich eine**n** Zahnarzttermin habe, wartet Robbi in meine**m** Hosensack.
6. Seit ich de**n** kleine**n** Begleiter habe, läuft alles wunderbar.
7. Letztens dachte ich schon, ich hätte ih**n** verloren.
8. Den ganzen Tag war ich in Sorge um meine**n** Liebling.
9. Gott sei Dank habe ich ih**n** am Abend unter de**m** Kopfpolster entdeckt.
10. Beim Abendessen durfte er vor meine**m** Teller sitzen.
11. Meine Mutter erklärte mi**r**, dass ich maßlos übertreibe.
12. Ich frage mi**ch**, was denn daran übertrieben sein soll.

119

1. Gerhards Vater war Fernfahrer.
2. Hatice wird Volksschullehrerin.
3. Stan Laurel und Oliver Hardy sind berühmte Komiker gewesen.
4. Das ist doch eine Frechheit.
5. Diese Raupen sind eine Plage im Garten.
6. Die Wikinger waren gefürchtete Seefahrer.
7. Was ist ein Elfmeter?
8. Sind alle Teilnehmer dieses Kurses Schüler?
9. Er war der schnellste Läufer.
10. Sie ist unsere neue Religionslehrerin.

120

1. Ernst schimpft ihn einen Dummkopf.
2. Er schimpft Ernst wiederum einen Esel.
3. Sie nennt ihren Freund einen Romantiker.
4. Man nennt das in der Fachsprache „Mobbing".
5. Der König hat ihn einen Aufschneider geheißen.

121

ZE: in der Früh, drei Stunden lang, eines Tages, nach der fünften Stunde, um acht, gerade noch rechtzeitig
AE: gewissenhaft, wie ein Elefant, ohne Durchlesen, sehr schnell, genau
OE: nach Osten, im Turnsaal, hinter der Scheune, im Schnee, nach Wagrain
BE: wegen der schlechten Sicht, um deinetwillen, aus Verzweiflung, wegen der Geschenke, vor Zorn

---

122

1. Am Montag (Wann? ZE) werden einige aus unserer Klasse eine gesunde Jause herrichten.
2. In der Pausenhalle (Wo? OE) werden Tische für dieses schmackhafte Buffet aufgestellt.
3. Dort (Wo? OE) werden Obst, Gemüse, Milchprodukte, Fruchtsäfte und frisches Vollkorngebäck angeboten.
4. Wir wollen die Schülerinnen und Schüler gewissenhaft (Wie? AE) über gesunde Ernährung informieren.
5. Wegen der schlechten Ernährung (Warum? BE) leiden viele Jugendliche an Über- oder Untergewicht.
6. Auch die Konzentrationsfähigkeit und die Merkfähigkeit werden maßgeblich (Wie? AE) durch die Ernährung beeinflusst.

7. Um zehn Uhr (Wann? ZE) treffen wir uns in der Schulküche (Wo? OE), denn in der großen Pause (Wann? ZE) muss alles sorgfältig (Wie? AE) hergerichtet sein.
8. Unsere Turnlehrerin und unsere Biologielehrerin helfen uns bei dieser Aktion.
9. Gerade noch rechtzeitig (Wann? ZE) sind die Informationsfolder fertig geworden.
10. Wir hoffen, dass wir an diesem Tag (Wann? ZE) viele Schüler mit unserer Botschaft erreichen können.

123

2. Ob ich auf Zeltlager mitfahren darf, hängt von meinem Zeugnis ab. (Ersatz: da**von**) Wo**von?** PO im 3. Fall (Von wem?)
3. Der Buslenker beschwerte sich über die ungezogenen Schüler. (Ersatz: dar**über**) Wor**über?** PO im 4. Fall (Über wen oder was?)
4. Jeden Tag denke ich an dich. (Ersatz: dar**an**) Wor**an?** PO im 4. Fall (An wen oder was?)
5. Die Umweltschutzgruppe in unserer Schule setzt sich auch für Tierschutz ein. (Ersatz: da**für**) Wo**für?** PO im 4. Fall (Für wen od. was?)
6. Ivana leidet an starken Kopfschmerzen. (Ersatz: dar**an**) Wor**an?** PO im 3. Fall (An wem?)
7. Er hält sich nicht an die Schulordnung. (Ersatz: dar**an**) Wor**an?** PO im 4. Fall (An wen oder was?)
8. Ich hoffe auf eine leichte Schularbeit. (Ersatz: dar**auf**) Wor**auf?** PO im 4. Fall (Auf wen oder was?)
9. Unsere Klasse setzt sich für Mülltrennung in der Schule ein! (Ersatz: da**für**) Wo**für?** PO im 4. Fall (Für wen oder was?)

124

1. Gestern (Wann? ZE) habe ich aus Zerstreutheit (Warum? BE) irgendwo (Wo? OE) meinen Rucksack verloren.
2. Nach der letzten Schulstunde (Wann? ZE) hatte ich ihn am Rücken (Wo? OE) und ging Richtung Schulhof (Wohin? OE).
3. Ich weiß genau (Wie? AE), dass mein Handy läutete und ich den Rucksack auf den Boden (Wohin? OE) in der Aula (Wo? OE) stellte.
4. Zu Hause (Wo? OE) bemerkte ich erst vor der Haustür (Wo? OE) , dass ich meinen Schlüssel nicht bei mir hatte.
5. Der Schlüssel war in meinem Rucksack (Wo? OE), und dieser war nicht auf meinem Rücken (Wo? OE).
6. Im (**In** dem) Erinnern (Wor**in?** PO3) bin ich leider (Wie? AE) nicht gut.
7. Panisch (Wie? AE) lief ich zum Bahnhof (Wohin? OE) und fragte **nach** einem abgegebenen Rucksack (Wo**nach?** PO3).
8. Der Beamte sagte, er könne mir **über** Fundsachen von heute (Worüber? PO4) erst morgen (Wann? ZE) Auskunft geben.
9. Traurig (Wie? AE) schlenderte ich zur Schule (Wohin? OE) und ärgerte mich **über** meine Dummheit (Wor**über?** PO4).
10. Ich wollte in unsere Klasse (Wohin? OE) laufen, da stolperte ich plötzlich (Wie? AE) **über** meinen Rucksack (Wor**über?** PO4).
11. Ich muss während des Telefongesprächs (Wann? ZE) gedankenlos (Wie? AE) weiter zum Ausgang (Wohin? OE) gegangen sein.
12. **Über** mein schlechtes Gedächtnis (Wor**über?** PO4) habe ich mich schon oft (Wann? ZE) geärgert.
13. Jetzt (Wann? ZE) freute ich mich **über** meinen wiedergefundenen Rucksack (Wor**über?** PO4) und stecke das Handy vorsichtshalber (Warum? BE) in die Hosentasche (Wohin? OE).

125
1. Ich verzichte **auf** deine Anwesenheit. **Worauf? PO4**
2. Vorsicht **vor** dem bissigen Hund! **Wovor? PO3**
3. Die Wespen fielen **über** uns her. **Über wen? PO4**
4. Wien liegt **an** der Donau. **Wo? OE**
5. Hier duftet es **nach** Lebkuchen. **Wonach? PO3**
6. Sie sorgt **für** uns wie eine Mutter. **Wofür? Für wen? PO4**
7. Dieses Gerät dient **zum** (**zu** dem) Polieren der Fußböden. **Wozu? PO3**
8. Er kommt wieder **um** vier. **Wann? ZE**
9. Ich entscheide mich **für** das zweite Thema. **Wofür? PO4**
10. Ich wohne **in** diesem Hochhaus. **Wo? OE**

126
Meine ältere Schwester Lisa steht vor ihrem Kasten (Wo? OE), nimmt hektisch (Wie? AE) Kleidungsstücke (Wen oder Was? O4) heraus und wirft sie (O4) kopfschüttelnd (Wie? AE) auf ihr Bett (Wohin? OE).
Möchte sie in der Schule (Wo? OE) jemandem (Wem? O3) besonders gut (Wie? AE) gefallen?
Endlich (Wann? ZE) hat sie etwas Passendes (Wen oder was? O4) gefunden. Sie geht in Richtung Badezimmer (Wohin? OE) und wird dort (Wo? OE) für längere Zeit (Wie lange? ZE) bleiben.
Bald darauf (Wann? ZE) wird mein Vater heftig (Wie? AE) an die Badezimmertür (Wo? OE) klopfen und sie (Wen oder was? O4) ungeduldig (Wie? AE) mit seinen dringenden Terminen (Womit? PO3) konfrontieren.
Mein kleiner Bruder Benjamin läuft immer noch (Wann? ZE) im Pyjama (Wie? AE) herum. Er wird von meiner Mutter (Von wem? PO3) verfolgt. Sie will ihm (Wem? O3) beim Umziehen (Wobei? PO3) helfen. Er kann sich nicht entscheiden.
Am Montag (Wann? ZE) ist im Kindergarten (Wo? OE) „Spielzeugtag", und jedes Kind darf ein eigenes kleines Spielzeug (Wen oder was? O4) mitbringen. Soll er ein landwirtschaftliches Fahrzeug (Wen oder was? O4) oder einige Ritter (Wen oder was? O4) von seiner neuen Burg (Woher? OE) mitnehmen?
Der Toaster qualmt, gleichzeitig (Wann? ZE) schlägt der Eierkocher Alarm (Wen oder was? O4). Meine Mutter wirkt nervös (Wie? AE). Was soll sie alles (Wen oder was? O4) gleichzeitig (Wann? ZE) machen? Gleich (Wann? ZE) wird sie zu schimpfen beginnen und einige Verbote für den Nachmittag (Wen oder was? O4) aussprechen.
Lisa wird anschließend (Wann? ZE) mit Vater (Mit wem? PO3) eine „Grundsatzdiskussion" (Wen oder was? O4) über das Recht auf ihre morgendliche Toilette (Worüber? PO4) führen.
Ich suche gelassen (Wie? AE) meinen zweiten Turnschuh (Wen oder was? O4), nehme meinen Schulrucksack (Wen oder was? O4) und freue mich auf eine ruhige erste Stunde in der Schule (Worauf? PO4).
„Alles Gute (Wen oder was? O4) für die Schularbeit (Wofür? PO4)!", höre ich meine Mutter (Wen oder was? O4) rufen.
Ja, an manchen Tagen (Wann? ZE) kann selbst (Wie? AE) das Schreiben einer Schularbeit angenehm sein.

127 **Adjektiv:** die neuen Schuhe
1. Partizip, 2. Partizip: ein tropfender Wasserhahn, getrocknete Früchte
Pronomen: ihr Fehlen
Zahlwort: die beiden Tage
Nomen im Genitiv: die Füllfeder des Nachbarn
Nomen im Präpositionalfall: Angst vor der Prüfung
Adverb: der Platz vorne

128
2. Mirjana I schenkte I ihr I einen großen **Strauß** roter Rosen. (Adjektiv, Nomen im Genitiv)
3. Aziz I trägt I einen **Anzug** aus reiner Wildseide. (Nomen im Präpositionalfall)
4. Georgia I trinkt I nur I **Wein** aus Südafrika und schottischen **Whisky**. (Nomen im Präpositionalfall, Adjektiv)
5. Yasin I liebt I **Schokolade** aus Belgien. (Nomen im Präpositionalfall)
6. Er I kauft I nur I italienischen **Kaffee**, und I sie I mag I nur I **Käse** aus der Schweiz. (Adjektiv, Nomen im Präpositionalfall)
7. Jennifer I singt I ein französisches **Lied**. (Adjektiv)
8. Wir I hörten I plötzlich I das **Rauschen** von Wasser. (Nomen im Präpositionalfall)
9. Massud I verlor I die **Brosche** aus Email und zwei Silberringe. (Nomen im Präpositionalfall, Zahlwort)
10. Wir I lesen I gerade I eine erheiternde **Klassenlektüre**. (1. Partizip)

129
1. Erika möchte noch ein großes (Adjektiv) **Stück** von der Topfentorte (Nomen im Präp.).
2. Iris weiß nicht, was sie sich von dem reichhaltigen (Adjektiv) **Buffet** nehmen soll.
3. Thomas bestellt sich gebackenes (2. Partizip) **Gemüse**.
4. Robert nimmt seinen (Pronomen) **Teller** und geht nochmals zum Salatbuffet.
5. Simon gibt sich drei (Zahlwort) **Schöpfer** von der Tomatensoße (Nomen im Präp.) auf die Spagetti.
6. Yu-Chu liebt **Erdbeeren** mit Schlagobers (Nomen im Präp.).
7. Franziska kostet von der **Vorspeise** der Sitznachbarin (Nomen im Genitiv).
8. Sebastian stürzt sich auf die duftenden (1. Partizip) **Fleischbällchen**.
9. Hanna will drei (Zahlwort) **Palatschinken** mit Marillenmarmelade (Nomen im Präp.) essen.
10. Alle, die am **Tisch** dort (Adverb) sitzen, gehen mit mir in die dritte (Zahlwort) **Klasse**.

---

130 Meine Schwester ist sehr abergläubisch. Am letzten Dreizehnten stand sie schon mit einem mulmigen Gefühl auf und zählte uns alle möglichen und unmöglichen Unglücksfälle auf, die an diesem Freitag eintreten könnten.
Sie schüttete dann vor lauter Hektik ihre Teetasse aus und warf dabei das brennende Teelicht um. Dabei fing das Tischtuch aus Leinen Feuer. Beim schnellen Löschversuch zündete Bettina auch noch ihre Serviette aus Papier an. Meine nicht abergläubische Mutter konnte den kleinen Zimmerbrand gerade noch mit dem Inhalt ihres Glases löschen. Beim Holen eines Tuches stolperte Bettina über ihren Hausschuh und schlug sich das rechte Knie auf den rauen Küchenfliesen auf. Ich brachte ihr eine Packung mit Wundpflaster, doch beim Abschneiden des Pflasters stach sie sich mit der spitzen Nagelschere in die linke Hand und schrie laut auf. Ich brachte ihr das Fläschchen mit Wundbenzin, sie schüttete sich den gesamten Inhalt über ihr Nachthemd und auf ihr

aufgeschlagenes Knie. Die Wunde brannte höllisch, sie wimmerte vor Schmerz. Ich wollte sie beruhigen, doch sie lief weinend ins Bad. Von dorther hörten wir ein lautes Klirren und einen entsetzlichen Aufschrei Bettinas. Wir liefen schnell ins Badezimmer. Bettina stand vor einem zerbrochenen Spiegel und war bleich vor Schreck. „Sieben Jahre Pech!", murmelte sie.
Meine Mutter und ich blickten uns sorgenvoll an. Wir ahnten, was diese Voraussage bedeuteten würde.

---

131 Ein Rabe (S) hatte (P) ein Stück Käse (O4) gestohlen (zu P – Verbklammer) **und** (K) flog (P) mit diesem Leckerbissen (Womit? PO3) auf einen hohen Baum (Wohin? OE).
Das (O4) sah (P) ein Fuchs (S) **und** (K) stellte sich (P) unter den Baum (Wohin? OE). Er (S) sprach (P): „Mein Lebtag (Wann? ZE) habe (P) ich (S) keinen schöneren Vogel (O4) gesehen (zu P – Verbklammer). **Wenn** (K) du (S) auch (AE) eine schöne Stimme (O4) hättest (P), dann sollte (P) man (S) dich (O4) zum König der Vögel (Wozu? PO3) krönen (zu P – Verbklammer)." Der Rabe (S) fühlte sich (P) geschmeichelt (Wie? AE) **und** (K) fing (P) sofort (ZE) an (zu P – Verbklammer) zu singen (Infinitiv).
Sogleich (Wann? ZE) purzelte (P) das Stück Käse (S) aus seinem Schnabel (Wo heraus? OE) **und** (K) fiel (P) direkt (AE) in das Maul des Fuchses (Wohin? OE).
Der Fuchs (S) fraß (P) es (O4) **und** (K) lachte (P) über den törichten Raben (Worüber? PO4).
Hüte dich (P) deshalb (BE) vor Schmeichlern (Wovor? PO3)!

132
1. Gehst du mit ins Kino? **Entscheidungsfrage**
2. Warum kommst du jeden Tag zu spät zum Unterricht? **Ergänzungsfrage**
3. Ich habe mir ein neues Snowboard gekauft. **Aussagesatz**
4. Lassen Sie die Finger von meiner Torte! **Aufforderungssatz**
5. Wann fahrt ihr auf Schikurs? **Ergänzungsfrage**
6. Das will ich nicht! **Ausrufesatz**
7. Fährst du gut Schi? **Entscheidungsfrage**
8. Sie will unbedingt mit uns in einer Mannschaft sein. **Aussagesatz**
9. Komm schnell, der Lehrer ist schon da! **Aufforderungssatz, Aussagesatz**
10. Wie viel kostet dieses Handy? **Ergänzungsfrage**

133
1. Ich glaube, dass ich auf den Geografietest eine gute Note bekomme.
   Gliedsatzklammer
2. Kannst du feststellen, ob sie ein Handy besitzt?
   Gliedsatzklammer
3. Ich weiß nicht, ob das Geld dafür reicht.
   Gliedsatzklammer
4. Nachdem wir lange gewartet hatten, kamen wir endlich an die Reihe.
   Gliedsatzklammer
5. Da er Bauchweh hat, isst er kein Eis.
   Gliedsatzklammer
6. Kröten leben dort, wo es feucht und kühl ist.
   Gliedsatzklammer
7. Während wir im Bus saßen, schauten wir uns ein Video an.
   Gliedsatzklammer

134
2. Sie kocht Spaghetti, **die** ich gerne **esse. Was für Spaghetti? Welche?**
3. Ich fragte den Mann, **welcher** mir gerade **entgegenkam. Was für ein Mann? Welcher?**
4. Er besitzt ein Fahrrad, **das** über 300 Euro gekostet **hat. Was für ein Fahrrad? Welches?**
5. Gabi hat sich Sportschuhe gekauft, **die** sie nur zum Laufen **anzieht.**
Was für Sportschuhe? Welche?
6. Die Schülerin, über **die** wir uns unterhalten **haben,** wechselt in unsere Klasse.
Über welche Schülerin? Über was für eine Schülerin?

135
1. Ich sitze gemütlich im Wohnzimmer (,) und er hört Musik. **anreihend**
2. Meine Freundin Veronika kommt heute am Nachmittag zu mir, denn wir bereiten gemeinsam unser Deutschreferat vor. **begründend**
3. Entweder du saugst das Wohnzimmer (,) oder du hängst die Wäsche auf! **ausschließend**
4. Sie kommen, aber sie werden sich ungefähr eine Stunde verspäten. **entgegenstellend**
5. Ich besuche dich gerne, doch ich kann erst nächste Woche kommen. **entgegenstellend**
6. Fährst du mit dem Auto (,) oder gehst du zu Fuß? **ausschließend**
7. Anna ging zum Frisör und sie ließ sich die Haare kurz schneiden. **anreihend**
8. Er schrieb eine ausgezeichnete Schularbeit, denn er hatte viel geübt. **begründend**
9. Schreibe die Vokabeln ab (,) oder bilde Sätze mit diesen Wörtern! **ausschließend**
10. Otto kann Musik hören (,) und er kann gleichzeitig seine Hausübung machen. **anreihend**

---

136 **HS = Hauptsatz, GS = Gliedsatz, AS = Attributsatz**
1. In der letzten Märzwoche fahren alle dritten Klassen auf Schikurs nach Wagrain, **aber** zwei Schüler aus unserer Klasse bleiben hier. **HS + HS**
2. Berni und Christoph, **die** sich beide beim Handballtraining den rechten Arm gebrochen haben, können nicht mitfahren. **HS + AS + HS** (Der HS wird nach dem AS weitergeführt.)
3. Wir freuen uns alle schon darauf, **weil** wir in einem Jugendhotel wohnen werden. **HS + GS**
4. **Dass** auch Snowboardkurse angeboten werden, finde ich sehr gut. **GS + HS**
5. Ich werde nur mein Snowboard mitnehmen, **obwohl** ich gerne Schi fahren würde. **HS + GS**
6. **Bevor** wir abfahren, muss jeder seine Schi überprüfen lassen. **GS + HS**
7. **Damit** es keine Streitereien um die Zimmer gibt, machen wir schon jetzt eine Zimmereinteilung. **GS + HS**
8. Am Abend wird es sicherlich immer ein lustiges Programm geben, **das** wir selbst gestalten dürfen. **HS + AS**

137
1. Der Lehrer bemerkte, **dass** ich nervös war. **Was? Objektsatz**
2. Wer schwätzt, muss in der Pause die Biotonne ausleeren. **Wer? Subjektsatz**
3. Er lernt jeden Tag Vokabeln, **weil** er eine schlechte Semesternote hatte. **Warum? Kausalsatz**
4. Kinder, **die** klein sind, dürfen im Auto nicht vorne sitzen. **Was für ...? Attributsatz**

138

1. **Als** wir endlich eine Telefonverbindung herstellen konnten, war der Akku leer. **Wann? Temporalsatz**
2. Ich kaufe im Winter keine Erdbeeren, **weil** sie nicht nach Erdbeeren schmecken. **Warum? Kausalsatz**
3. **Bevor** du dein Referat hältst, trainiere zu Hause vor einem Spiegel. **Wann? Temporalsatz**
4. Er behauptete, **dass** er noch nie gelogen hätte. **Was? Objektsatz**
5. Das Chamäleon schützt sich, **indem** es die Farbe wechselt. **Wie? Modalsatz**
6. **Wer** zuerst kommt, bekommt das größte Stück vom Kuchen. **Wer? Subjektsatz**

139

1. **Mein Vater** (**S**), ein begeisterter Bergsteiger, trainiert für den Aufstieg auf den Kilimandscharo. **Apposition im Nominativ**
2. **Ihrem vierbeinigen Freund** (**O3**), einem jungen Dalmatiner, schenkte sie ihre ganze Aufmerksamkeit. **Apposition im Dativ**
3. **Ihre Mutter** (**S**), eine gute Bekannte meiner Eltern, wird drei Wochen bei mir wohnen. **Apposition im Nominativ**
4. **Für sie** (**PO4**), meine alte Nachbarin, kam jede Hilfe zu spät. **Apposition im Akkusativ**
5. **Rhodos** (**S**), die grüne Insel Griechenlands, ist dieses Jahr unser Urlaubsziel. **Apposition im Nominativ**
6. Mein kleiner Bruder schaut gerne **„Wicki und die starken Männer"** (**O4**), eine Zeichentrickserie von 1970, im Fernsehen an. **Apposition im Akkusativ**
7. Du kennst **Marcel Hirscher** (**O4**), den besten Schifahrer der Welt, nicht? **Apposition im Akkusativ**
8. **Mit der 3c** (**PO3**), unserer Nachbarklasse, planen wir ein Projekt am Schulschluss. **Apposition im Dativ**

140

1. Meine Mutter kommt in die Sprechstunde, **um sich Rat von meiner Lehrerin zu holen**.
2. Er betreibt viel Sport, **um gesund zu bleiben**.
3. Birgit will ihr Essen gleich bezahlen, **um jederzeit aufbrechen zu können**.
4. Felix spart sein Taschengeld, **um sich ein neues Handy zu kaufen**.

141

1. **Heftig rudernd** (,) kam er rasch ans Ufer.
2. **Im Hotel angekommen** (,) bezogen wir sofort unser Zimmer.
3. **Uns erblickend** (,) blieb sie mitten auf der Straße stehen.
4. **Mit mir telefonierend** (,) lackierte sie sich die Nägel.

142 Meine Freundin Marion (HS), **die** wöchentlich für jemand anderen schwärmt (Attributsatz), kam ganz aufgeregt zu mir (zu HS). Sie hatte sich wieder einmal einen neuen Schwarm auserkoren (HS), **aber** diesmal war es kein Filmschauspieler oder Sänger (HS). Sie hatte sich in einen „wirklichen Burschen" (HS), einen Italiener (Apposition), verliebt (zu HS). Er arbeitete im italienischen Eissalon (HS), **der** gleich um die Ecke unserer Schule liegt (Attributsatz).
Marion erzählte mir sehr ausführlich von „ihrem Italiener" (HS), mit **dem** sie noch kein einziges Wort gewechselt hatte (Attributsatz). Sie schwärmte von seiner Schönheit und seinem italienischen Charme (HS). **Da** ich selbst auch neugierig war (Kausalsatz), ging ich mit meiner verliebten Freundin in den Eissalon (HS).
Meinen Bananensplit hatte ich schon fast aufgegessen (HS), **während** Marions „Heiße Liebe" (Temporalsatz), Vanilleeis mit Himbeeren (Apposition), noch unberührt war (zu Temporalsatz).
Sie schaute ständig zur Eistheke **und** beobachtete den Kücheneingang (HS).
„Das ist er!" (HS – Ausrufesatz), flüsterte Marion (Begleitsatz zur direkten Rede).
Ich konnte es nicht glauben (HS), **dass** auf diesen Jungen Marions Beschreibung passen sollte (Objektsatz).
Wo war die Schönheit (HS = Fragesatz), **und** wo war der italienische Charme (HS = Fragesatz), von **denen** sie so begeistert war (Attributsatz)? Verzückt sah sie zu ihm hinüber und beobachtete mit weit aufgerissenen Augen (HS), **wie** er umständlich die Eiskugeln formte (Was? Objektsatz) **und wie** er sie ungeschickt in ein Glas stopfte (Objektsatz).
„Wie gekonnt und elegant er das macht!" (HS), meinte Marion (Begleitsatz). Ich hüllte mich in Schweigen **und** dachte an die Worte meiner Großmutter (HS): „Liebe macht blind (HS) (,) **und** Geschmäcker sind verschieden (HS)."
Marion versprach mir (HS), uns noch ein kleines Eis zum Mitnehmen zu kaufen (satzwertige Infinitivgruppe), **weil** jetzt „ihr Italiener" an der Theke stand (Kausalsatz). Sie ging zur Eisvitrine **und** bestellte bei ihm (HS): „Due gelati, per favore!" Verdutzt sah er sie an (,) **und** nun verriet er seine wahre Identität (HS), **indem** er im breitesten Wiener Dialekt die wenig höfliche Nachfrage stellte (Modalsatz): „Wos wüst?" (Fragesatz)
Durch diese Worte ernüchtert (satzwertige Partizipialgruppe) (,) schleckten wir wortlos unser kleines Eis (HS).
In den nächsten Wochen aßen wir gar kein Eis (HS), **denn** meine Freundin meinte (HS), **dass** das Eis beim „Italiener" eigentlich gar nicht so gut wäre (Objektsatz).
Marion fand bald Trost bei einem deutschen Superstar (HS), **den** sie nur aus der Ferne (Attributsatz), nämlich vom Fernseher aus (Einschub), umschwärmte (zu Attributsatz), **aber** dafür war sie vor enttäuschenden Überraschungen sicher (HS).

143
1. Daniela besorgt für ihre kranke Mutter Lutschtabletten, Hustensaft und Kräutertee.
2. Mein Hamster frisst entweder Hirsekörner oder Kürbiskerne.
3. Erika, Hubert und Klara kennen weder dich noch deinen Bruder.
4. Ich heiße nicht Sabine, sondern Sabrina.
5. Julia verbringt die Osterferien entweder bei ihrer Mutter am Land oder bei ihrem Vater in der Stadt.
6. Großmutter brachte uns einen Korb mit Obst sowie eine Kiste voll mit Gemüse.
7. Sebastian bekam zum Geburtstag ein Fahrrad, einen Helm, Arm- und Knieschützer.
8. Wieso kommst du nicht am Donnerstag, sondern erst am Freitag?
9. In dem Koffer am Dachboden befinden sich alte Schulbücher, gesammelte Zeitungsausschnitte, ausgeschriebene Hefte, ein verschnürtes Paket gesammelter Briefe und alte Autoprospekte.

144
1. Nein, ich kann jetzt nicht kommen!
2. Gott sei Dank, wir haben es geschafft!
3. Bitte (,) steigen Sie rasch ein!
4. Lieber Julian, borge mir bitte dein Handy!
5. Oje, das habe ich ganz vergessen!
6. Ja, ja, das kommt davon!
7. Pfui, Strolchi, lass den Knochen liegen!
8. Juhu, wir haben gewonnen!

145
1. Julian fährt mit dem Rad (,) und unser Hund läuft ihm nach.
2. Ich komme heute nicht zu dir, aber morgen werde ich dich besuchen.
3. Herbert sitzt in der Badewanne und liest die Zeitung.
4. Er braucht Geld, doch ich kann ihm keines leihen.
5. Wir gehen ins Kino oder holen uns einen Film aus der Videothek.
6. Mein Vater repariert sein Motorrad (,) und ich helfe ihm dabei.
7. Robert hat sich den Fuß gebrochen und fährt deshalb nicht auf die Sportwoche mit.
8. Paul hat ein Bild gemalt und schenkt es seiner Tante zum Geburtstag.

146
1. Wir konnten am See nicht mehr eislaufen, <u>weil</u> es getaut hatte.
2. <u>Bevor</u> du schimpfst, höre dir meine Erklärung an!
3. <u>Während</u> die Eltern noch schliefen, bereiteten die Kinder das Frühstück.
4. <u>Da</u> es gestern sehr spät geworden ist, habe ich nicht mehr bei euch angerufen.
5. Die Aktentasche, <u>welche</u> gestern hier abgegeben worden ist, gehört mir.
6. Ich glaube nicht, <u>dass</u> sie mir das so schnell verzeiht.
7. <u>Obwohl</u> ich keine Erlaubnis hatte, trat ich ein.
8. Gerd ging zu Fuß nach Hause, <u>nachdem</u> er den Bus versäumt hatte.

147
1. Lisa, unsere Klassensprecherin, meldete sich bei der Schülerversammlung zu Wort.
2. Ich esse gerne Süßigkeiten, besonders Geleezuckerl.
3. Tobias, auch Tobi genannt, ist unser Klassenbester.
4. Unsere Nachbarn, eine fünfköpfige Familie, leben in dieser kleinen Wohnung.
5. In diesem Aufsatz finden sich viele Fehler, vor allem Ausdrucksfehler.

148
1. Er holte tief Luft, um so lange wie möglich unter Wasser bleiben zu können.
2. Heftig winkend (,) machte sie auf sich aufmerksam.
3. Mit Reis werfend (,) beglückwünschten wir das Brautpaar.
4. Sich verbeugend (,) bedankte sich der Pianist bei seinem jubelnden Publikum.
5. Steif gefroren (,) lagen die Fäustlinge auf dem vereisten Autodach.
6. Um dieses Schuljahr in Deutsch positiv abzuschließen, musste ich noch einiges üben.

149 BS = Begleitsatz bei direkter Rede

	Regel Nr.
Archibald Exeter, der bekannte Minnesänger aus England, hatte es sich gemütlich	5
gemacht. Er ahnte nichts von den Szenen, die sich im Schloss des Herzogs	4
etliche Meilen entfernt abspielten. (...) Ein Diener hatte eine Tasse Tee auf die	
Anrichte gestellt. Die modisch spitzen Schnabelschuhe hatte der Sänger ausge-	
zogen und hautenge Glitzerstrumpfhosen, die er bei seinen Auftritten stets trug,	4
gegen bequeme Jogginghosen getauscht.	
„So, jetzt noch eine Prise Schnupftabak", summte er fröhlich vor sich hin,	2, BS
„und der Tag ist gerettet ..."	
Da hörte Exeter plötzlich ein dumpfes Pochen am Fenster. „Nanu", murmelte	BS
er. „Wer ist denn jetzt ... um diese Stunde? Die Fans werden langsam lästig.	
Tja, das ist der Preis, den man für den Ruhm bezahlt ..."	2, 4
Seufzend erhob sich Archibald aus dem handgeschnitzten Ohrensessel, ging	3
zum Fenster, öffnete es und blickte hinaus. Doch er konnte im Regendunst	3
der Dämmerung nichts erkennen. „Merkwürdig", murmelte der Sänger. „Ich	BS
hätte schwören können, da ist jemand draußen."	3
Da sprang die Tür auf. Ein Windstoß fegte durch den Raum und wirbelte	
Archibalds Schriftstücke durcheinander. Ein ausgewachsener Kammdrache	
stürmte in das Kaminzimmer. Er rutschte auf den Briefen aus und sauste wie	
auf Kufen über den glatten Steinboden. Erst knapp vor der Anrichte kam das	
Tier zum Stehen.	
Es war ein besonders schönes Exemplar von einem Drachen, groß und kräftig,	5, 5
also eigentlich unverwechselbar. Der Sänger erkannte den unangemeldeten	
Besucher auch sofort. „Klemens", rief Exeter überrascht „du (,) hier? O Boy,	BS, (2), 2
so eine Überraschung! Was ist los, alter Junge? Du bist doch nicht gekom-	2
men, um mit mir auf Tournee zu gehen? Was bringst du für Nachrichten?	6
Du meine Güte, du bist ja ganz außer Atem!" (...)	2
Mit einiger Mühe gelang es ihm, die Nachricht zu entziffern. „Na, so was!",	6, BS, 2
brummte Exeter nach der ersten Zeile überrascht. „Das ist ja allerhand!", rief	BS
er nach der zweiten. Und nach der dritten Zeile schrie er: „Du lieber Himmel!"	
Mit jedem Wort, das er las, wurde sein Erstaunen größer.	4
Das Gesicht des Sängers war vor Zorn und Aufregung rot angelaufen, als er	4
den Brief zu Ende gelesen hatte. „Das ist ja nicht zu fassen!", knirschte er und	BS
lief in seinem Kaminzimmer auf und ab. „Silberzahn-Floretto hat die Drachen-	
babys gekidnappt!" (...)	

Liebe Schülerin! Lieber Schüler!

Du hältst ein Übungsbuch in der Hand, das dir helfen soll, den Lernstoff wirklich zu verstehen und mit einer besseren Note in Deutsch in die nächste Klasse aufzusteigen.
Wahrscheinlich hat dir deine Lehrerin/dein Lehrer empfohlen, Grammatik oder Rechtschreiben zu üben. Das kannst du mit dem vorliegenden Übungsbuch besonders gut! Denn die Übungen sind abwechslungsreich und machen Spaß, weil du schnell erste Erfolgserlebnisse hast. Bald wirst du merken, wie viel du schon gelernt hast und dass dir jetzt manches leichter fällt.

„Kompetent AUFSTEIGEN in Deutsch 3 – Rechtschreiben" und „Kompetent AUFSTEIGEN in Deutsch 3 – Grammatik" enthalten den wichtigsten Stoff der 3. Klasse AHS und NMS.
Zu jedem Thema gibt es sehr einfache Merksätze und leicht verständliche Kurzinformationen.
Danach folgen Übungen in unterschiedlichen Schwierigkeitsgraden.
Die Übungen helfen dir, **Sicherheit zu gewinnen** und **dein Wissen richtig anzuwenden**.
Nach jedem Kapitel gibt es einen Schlusstest sowie einen Kompetenz-Check, wo du selbst ankreuzt, was du schon kannst.
Du kannst übrigens auch allein üben, denn alle Übungen sind im Lösungsteil genau ausgearbeitet.

Wir wünschen dir viel Erfolg beim kompetenten AUFSTEIGEN in Deutsch!

Liebe Eltern!

Sie halten ein Übungsbuch in der Hand, das die Deutschkenntnisse Ihres Kindes mit **einfachen Übungen** und **leicht verständlichen Merksätzen** verbessern kann.
Die beiden Bücher „Kompetent AUFSTEIGEN in Deutsch 3 – Rechtschreiben" und „Kompetent AUFSTEIGEN in Deutsch 3 – Grammatik" sind auf die Lernziele, die Ihr Kind im 7. Schuljahr (3. Klasse AHS und NMS) erreichen soll, abgestimmt.
Die Bücher entsprechen den festgelegten **österreichischen Bildungsstandards**.
Sie fördern die **Selbsttätigkeit** Ihres Kindes und helfen ihm, die geforderten **Kompetenzen** zu erlangen.
Deshalb sind die Bücher so aufgebaut, dass ein Selbststudium durch die Lernenden möglich ist.
Hilfe und Interesse seitens einer Lernbetreuung sind aber immer gut!

Zum Umgang mit diesem Buch:
Die Übungen der einzelnen Kapitel sind mit steigendem Schwierigkeitsgrad angelegt, sodass die Lernenden von leichten Anfangsübungen schrittweise zu komplexeren Aufgaben geführt werden.
Jedes Kapitel wird mit einem einfachen Theorieteil eingeleitet. In schrittweisen Erklärungen und mit leicht verständlichen Kurzinformationen werden die theoretischen Voraussetzungen für die folgenden Übungen gelegt.
Die Übungen werden jeweils genau beschrieben und sehr oft beispielhaft vorgearbeitet. Die Antworten können meistens gleich direkt ins Buch geschrieben werden. Für manche Übungen ist ein Übungsheft notwendig.
Im Lösungsteil ist jede Übung komplett ausgearbeitet. Die Beispiele sind so gewählt, dass sie **eindeutig zu lösen** sind und das Kind **eine sichere Kontrolle** hat.
Die Übungsbücher sind **lehrbuchunabhängig** und können neben jedem Schulbuch verwendet werden.
Sie können auch als Nachschlagewerk bei etwaigen Fragen zu Grammatik und Rechtschreibung dienen.
Zur Festigung und weiteren Überprüfung können die Übungstexte der beiden Bände für kurze Diktate verwendet werden.
Bei Schülern mit Schwierigkeiten in Deutsch kann durch das Hinführen zum Verständnis von grammatikalischen und orthografischen Zusammenhängen und durch gezieltes Üben eine merkliche Verbesserung erreicht werden. Diese beiden Übungsbände helfen dabei!

Viel Erfolg wünschen Ihrem Kind

Margit Pieler und **Günter Schicho**

Inhalt

Wortlehre

In den folgenden Kapiteln wird dein Wissen über die einzelnen Wortarten überprüft, verbessert und erweitert.
In der 1. und 2. Klasse hast du schon viel an Grammatik gelernt. Bekanntes wird wiederholt, mit Übungen vertieft und mit Neuem ergänzt.
Das Wichtigste aus jedem Kapitel wird in **übersichtlichen und leicht verständlichen Zusammenfassungen** dargestellt, sodass du **auf einen Blick** jederzeit Fragen schnell klären, Vergessenes auf einfache Weise wiederholen und dir Neues rasch einprägen kannst.

Die Wortarten – auf einen Blick

Wortart	**Bedeutungen**	**Beispiele**
Das Verb (Das Zeitwort)	Tätigkeiten Vorgänge Zustände	schreiben regnen sitzen
Das Nomen (Das Namenwort)	Lebewesen Gegenstände Begriffe	Frau, Mann, Fisch Schule, Tisch Freude, Liebe
Das Adjektiv (Das Eigenschaftswort)	Eigenschaften	schön, lustig
Begleiter und Stellvertreter des Nomens		
Der Artikel (Das Geschlechtswort)	Kennzeichnung des Geschlechts und des Falls	der/die/das ein/eine/ein
Das Pronomen (Das Fürwort)		ich/du/er ... mein/sein/ihre ...
Das Numerale (Das Zahlwort)		ein, zwei ... erstens, zweitens ...
Unveränderliche Wörter (Partikeln)		
Das Adverb (Das Umstandswort)	Angaben zu Ort, Zeit, Art und Weise, Grund	dort, jetzt, so, deshalb
Die Konjunktion (Das Bindewort)	Verbindung zwischen Wörtern und Sätzen	und, weil, dass
Die Präposition (Das Vorwort)	Fallbestimmung	vor, in, durch, infolge

Das Verb

Das Verb (Zeitwort) ist eine Wortart, die eine **Tätigkeit**, einen **Vorgang** oder einen **Zustand** ausdrücken kann.

Tätigkeit/Handlung: z. B. schreiben
Vorgang/Verlauf: z. B. regnen
Zustand: z. B. sitzen

Ü 1 **Gib an, ob das Verb eine Tätigkeit (T), einen Vorgang (V) oder einen Zustand (Z) ausdrückt!**

arbeiten ( )	trinken ( )	stehen ( )	wachsen ( )	schneien ( )
heben ( )	leben ( )	essen ( )	liegen ( )	fließen ( )
zeichnen ( )	spielen ( )	kommen ( )	aufbauen ( )	ausmalen ( )
blühen ( )	zuhören ( )	abwaschen ( )	hängen ( )	plätschern ( )

Konjugation des Verbs

Die **Formveränderung** des Verbs heißt **Konjugation**. Das Verb kann **Person, Zahl, Zeitform** und **Modus** (Indikativ und Konjunktiv) anzeigen.
Bei der Konjugation ändert sich die **Endsilbe** (= Suffix) des Verbs, aber auch der **Stammvokal** des Verbs kann sich ändern.

Verändert das Verb vom **Präsens** zum **Präteritum** den Vokal (= Ablaut) im **Wortstamm** (schr**ei**ben – schr**ie**b), hat das **Präteritum keine Endung** (schrieb) und endet das 2. Partizip auf **-en** (geschrieb**en**), spricht man von einem **starken Verb**.

Bleibt der **Wortstamm unverändert** (gl**au**ben – gl**au**bte), spricht man von einem **schwachen Verb**. In der Personalendung im **Präteritum** wird nur ein **-te** angefügt und das 2. Partizip endet auf **-t** (geglaub**t**).

Gemischte Verben ändern wie starke Verben den **Stammvokal** (d**e**nken – d**a**chte), haben aber im Präteritum wie schwache Verben die Endung **-te** und im 2. Partizip die Endung **-t** (gedach**t**).

Es gibt **drei Stammformen** des Verbs, die du **zur Bildung der Zeitformen benötigst**.
Du siehst an diesen Stammformen, ob ein Verb stark, schwach oder gemischt gebeugt ist.

1. Stammform Infinitiv (Nennform)	**2. Stammform** Präteritum (Mitvergangenheit)	**3. Stammform** 2. Partizip (2. Mittelwort)
schr**ei**ben	schr**ie**b	geschrieb**en**
gl**au**ben	**glaubte**	geglaub**t**
denken	d**a**ch**te**	geda**cht**

Ü 2

Setze die folgenden Verben in die drei Stammformen und gib an, ob sie stark, schwach oder gemischt gebeugt sind!

nennen, spielen, nehmen, versetzen, sitzen, rennen, begraben, backen, angeben, kennen, einschieben

1. Stammform	2. Stammform	3. Stammform	Beugung
nennen	nannte	genannt	gemischt

Ü 3

Vervollständige die Merksätze!

Merkmale der **starken** Verben sind:
- Änderung des ______ vom Präsens zum Präteritum
- Endung auf -______ im 2. Partizip

Merkmale der **schwachen** Verben sind:
- Unveränderter ______
- Endung auf -______ im Präteritum
- Endung auf -______ im 2. Partizip

Merkmale der **gemischten** Verben sind:
- Änderung des ______ vom Präsens zum Präteritum (wie die ______ Verben)
- Endung auf -______ im Präteritum (wie die ______ Verben)
- Endung auf -______ im 2. Partizip (wie die ______ Verben)

Ü 4 **Gib zu jedem Verb an, in welcher Stammform es steht, und schreibe dazu, ob es sich um eine starke, schwache oder gemischte Konjugation handelt!**

las: 2. Stammform, stark	schlief ein:	lief aus:
rannte:	gegessen:	eingekocht:
gewünscht:	eingekauft:	ausgelaufen:
aufrufen:	verheiraten:	anfahren:
rollte:	eingearbeitet:	einbringen:
kreischen:	rechnete:	wischte ab:
angesucht:	sang:	wusch:
servieren:	verzauberte:	genannt:

Finite und infinite Verbformen

Verbformen **mit Personalendung** bezeichnet man als **finite Formen** (= Personalformen). Du kannst **Person, Zahl und Zeitform bestimmen**. Im Satz werden finite Verbformen als **Prädikat/Prädikatsteil** verwendet und sind **vom Subjekt abhängig**.

ich schreibe – 1. Person, Singular, (Vollverb in finiter Form), Präsens
er **war** gegangen – 3. Person, Singular, (Hilfsverb in finiter Form), Plusquamperfekt
sie **werden** glauben – 3. Person, Plural, (Hilfsverb in finiter Form), Futur

Bei zweiteiligen Verbformen trägt das **Hilfsverb** die **Personalendung**. Das **aussagende Verb** (Vollverb) steht in einer **infiniten Form**.

Verbformen **ohne Personalendung** bezeichnet man als **infinite Formen** (= unbestimmte Formen). Du kannst im Gegensatz zu den Personalformen **weder Person noch Zahl noch Zeitform bestimmen**. Infinite Verbformen sind der **Infinitiv** (Nennform), das **1. Partizip** (Mittelwort der Gegenwart) und das **2. Partizip** (Mittelwort der Vergangenheit). Infinite Verbformen sind im Satz **vom Subjekt unabhängig**.

Infinitiv	**1. Partizip**	**2. Partizip**
schreib**en**	schreib**end**	**ge**schrieben
geh**en**	geh**end**	**ge**gangen
glaub**en**	glaub**end**	**ge**glaubt

Ü 5 **Vervollständige die Tabelle!**

Infinitiv	**1. Partizip**	**2. Partizip**
versinken		
schneiden		
ziehen		

Ü 6

Unterstreiche die finiten und infiniten Verbformen!
Gib bei den infiniten Formen an, um welche es sich handelt!

1. Er möchte gerne eine zweite Portion haben.
2. Julia hat sich nicht aus dem Versteck getraut.
3. Wir werden morgen schon zeitig aufbrechen.
4. Sie hatte den Termin völlig vergessen.
5. Sabine trug einen wärmenden Schianzug.
6. Wir müssen das Schreiben an die Zeitung noch überarbeiten.
7. Hustend verabschiedete sich der Kranke von seinen Besuchern.
8. Der Kellner hatte ihr ein verkohltes Steak serviert.
9. Karsten sollte sich besser informieren.
10. Die Mutter hat das schlafende Kind aus dem Auto geholt.
11. Das Kleingeschriebene kann ich nicht lesen.
12. Die Kinder suchten nach dem versunkenen Floß.

Infinite Verbformen können auch wie Adjektive und Nomen verwendet werden.

1. Partizip: das **schlafende** Kind, der **Schlafende**
2. Partizip: der **geschriebene** Brief, das **Geschriebene**
Infinitiv: das **Schreiben**, das **Schlafen**

Ü 7

Vervollständige die Tabelle!

Infinitiv als Nomen	1. Partizip als Attribut	2. Partizip als Attribut
das	die **trinkende** Amsel	das Bier
das	Wasser	das **gekochte** Rindfleisch
das **Einschlafen**	ein Baby	die einge Füße
das **Sinken**	das Schiff	der ge Schatz
das	der Mensch	eine **gedachte** Aussage
das	eine **schwimmende** Kerze	die ge Strecke

Ü 8

Gib an, ob es sich um eine infinite oder finite Verbform handelt!
Bestimme diese Form genau (Person, Zahl/Infinitiv, 1. oder 2. Partizip)!
Doppelnennungen sind möglich!

gräbst:	**finit, 2. Person Singular**	ausgelaufen:	
gehagelt:		frierend:	
vorgefahren:		hätte:	
war:		wuschen:	
schlafend:		sein:	
schonen:		fließend:	
einsetzen:		fressen:	
nähtet:		wirst:	

Aufgaben, die das Verb erfüllt

Mit einem Verb kannst du ausdrücken, **was** geschieht.
Du kannst mitteilen, **wann** etwas geschieht. (Zeitformen bilden)
Du kannst ein Geschehen im Aktiv oder im Passiv darstellen (**Verhaltensrichtung**) und du kannst die Aussageweise (den **Modus**) verändern.

Was geschieht:	Ich **schreibe** meine Hausübung.
Wann:	Ich **schreibe/schrieb**/habe **geschrieben** ...
Verhaltensrichtung:	Ich schreibe meine Hausübung. (**Aktiv**)
	Meine Hausübung wird (von mir) geschrieben. (**Passiv – Vorgang**)
	Meine Hausübung ist geschrieben. (**Passiv – Zustand**)
Modus:	Indikativ (**Wirklichkeitsform**): Er schreibt seine Hausübung.
	Konjunktiv I (**Möglichkeitsform**): Er schreibe seine Hausübung.
	Konjunktiv II: Er schriebe seine Hausübung.

In den folgenden Kapiteln werden die **Verbarten** näher betrachtet und das Wissen um die **Zeitformen** wiederholt und erweitert.

Weiters werden die **Verhaltensrichtung (Aktiv – Passiv)** und der **Modus des Verbs (Aussageweise)** genau betrachtet.

Verbarten

Verben kannst du auch nach ihrer **Art der Selbstständigkeit** gruppieren.
Du unterscheidest **Vollverben, Hilfsverben, Modalverben** und **modifizierende Verben.**

Die meisten Verben sind **Vollverben**. Sie können **allein** das Prädikat bilden.
Es sind dies Wörter wie schreiben, gehen, glauben.

Ich **schreibe** meine Hausübung.

Vollverben bilden die **einteiligen Zeitformen** durch Wechsel im Stammvokal oder durch Anhängen einer Endung.

ich schr**ei**be – ich schr**ie**b (starkes Verb); sie glaub**t** – sie glaub**te** (schwaches Verb)

Mit den **Hilfsverben** bildest du die **zweiteiligen Zeitformen**. Sie begleiten ein Vollverb.

Er **hat** seine Hausübung geschrieben. Sie **wird** ihre Hausübung schreiben.

Die Hilfsverben heißen: **haben, sein, werden**

Du benötigst die Hilfsverben auch zur **Passivbildung**.
Die Hausübung **wird** (von ihm) geschrieben. (Vorgang)
Die Hausübung **ist** geschrieben. (Zustand)

Die Hilfsverben können auch **als Vollverben** gebraucht werden.
Er ist schon da. Sie hat ein neues Moped. Du wirst Lehrerin.

Mit den **Modalverben** (Hilfsverben der Aussage) **änderst** du die **Bedeutung** eines Satzes.
Du modifizierst die Aussage (**stufst sie ab**).

Die Modalverben heißen: **dürfen, können, wollen, sollen, mögen (möchten), müssen.**
Er **muss** seine Hausübung schreiben.

Das Modalverb ist immer mit dem Infinitiv eines Vollverbs verbunden.

Folgende Abstufungen/Bedeutungsabsichten der Aussage sind möglich:
dürfen → Erlaubnis: Ich darf mitspielen.
können → Fähigkeit, Möglichkeit: Ich kann mitspielen.
wollen → Wunsch, Vorsatz: Ich will mitspielen.
sollen → Aufforderung: Sie soll mitspielen.
mögen → Wunsch: Ich mag/möchte mitspielen.
müssen → Befehl, Notwendigkeit: Ich muss mitspielen.

Ü 9

Unterstreiche die Modalverben und gib die Bedeutungsabsichten an!

1. Hubert will heute mit dem Hund nicht spazieren gehen. **Wunsch, (Vorsatz)**
2. Sabine darf heute früher nach Hause gehen.
3. Karsten soll sich sofort beim Direktor melden.
4. Beate muss zur Schulärztin kommen.
5. Stefan kann schon beginnen.
6. Patrizia möchte ein eigenes Zimmer haben.
7. Andreas mag keine Suppe essen.
8. Hannes will nicht fernsehen.
9. Selina möchte gerne Ärztin werden.
10. Der Soldat muss sich beim Vorgesetzten melden.

Ü 10

Forme die folgenden Sätze so um, dass sie Modalverben enthalten!

1. Probiere es noch einmal mit mehr Gefühl! (sollen)
   Du sollst es noch einmal mit mehr Gefühl probieren.
2. Ich spiele auch mit! (wollen)
3. Andrea, geh nach Hause! (dürfen)
4. Hans nimmt jeden Tag drei Tabletten. (müssen)
5. Der Patient regt sich nicht auf. (sollen)
6. Der kleine Phillip geht schon. (können)
7. Nina isst keine roten Rüben. (mögen)
8. Ärgere dich nicht deswegen! (müssen)
9. Herbert kocht für die ganze Familie. (wollen)
10. Würfle eine Vier! (müssen)

Ü 11 **Gib die Bedeutungsabsichten der Sätze von Übung 10 an! Schreibe in dein Übungsheft!**

Beispiel: Du **sollst** es noch einmal mit mehr Gefühl probieren. **Aufforderung**

Mit den **modifizierenden Verben** bewirkst du (wie auch mit den Modalverben) eine Veränderung der Aussage eines Satzes.
Modifizierende Verben sind z. B. **pflegen, scheinen, meinen, beabsichtigen, gedenken** ...

Beispiel: Er **beabsichtigt** seine Hausübung **zu schreiben**.

Das modifizierende Verb ist immer mit **zu** und dem **Infinitiv eines Vollverbs** verbunden.

Ü 12 **Forme die folgenden Sätze so um, dass sie modifizierende Verben enthalten! Unterstreiche den Infinitiv mit „zu"! Schreibe in dein Übungsheft!**

1. Er ist krank. (scheinen) **Er scheint krank zu sein.**
2. Sie war verletzt. (meinen)
3. Wir kommen nicht. (gedenken)
4. Sie essen um 18 Uhr zu Abend. (pflegen)
5. Ich zeige diesen Vorfall an. (beabsichtigen)
6. Sie sind nicht zu Hause. (scheinen)
7. Die Gäste fühlen sich hier wohl. (scheinen)
8. Der Patient steht selbstständig auf. (gedenken)

Ü 13 **Ordne die Verben aus dem Wortkasten nach ihrer Art! Bist du beim Zuordnen unsicher, bilde vorher den Infinitiv!**

bindet sein mag kaufen ist war scheinen sollten wird fliegen
darfst hattest verzagen stehe bist wurde könntest meinen

Vollverben: ______________________________

Hilfsverben: ______________________________

Modalverben: ______________________________

modifizierende Verben: ______________________________

Ü 14 **Unterstreiche das Verb und gib an, um welche Verbart es sich handelt!**

1. Er geht zur Schule.
2. Sie werden dir glauben.
3. Es musste einmal so kommen.
4. Sie scheint heute nicht mehr zu fahren.
5. Wir hatten für sieben Uhr einen Tisch bestellt.
6. Sie sollten lieber nochmals fragen.
7. Er war zu spät gekommen.
8. Werden die anderen wenigstens pünktlich ankommen?
9. Ich gedenke nicht länger zu warten.
10. Sie haben leider die Straßenbahn versäumt.

Ü 15 **Unterstreiche in der Geschichte „Küchenchef 1" alle Verben, die als Prädikate verwendet sind, und trage sie in die Tabelle ein!**
Unterstreiche anschließend alle nicht schwach gebeugten Vollverben in der Tabelle!

Küchenchef 1

In einigen Fernsehkochsendungen zeigen echt coole Typen, dass Kochen Spaß machen kann und selbst gemachte Gerichte obendrein auch lecker schmecken.

Deshalb interessieren sich in unserer Klasse immer mehr Buben für das Kochen.

So haben mein Freund Daniel und ich uns am Schulbeginn für den Freigegenstand „Kochen und Ernährungslehre" angemeldet.

Meine Mutter war über mein Vorhaben begeistert und wollte mir sofort die Küche als mein neues Revier übergeben. Mein großer Bruder schmunzelte nur und sagte, dass es Mädchen cool fänden, wenn Buben kochen könnten. Nur mein Vater, dem sogar die Würstel beim Aufwärmen im Wasser anbrennen, murmelte etwas von „Frauensache". Doch er gab dann schließlich zu, dass meine Anmeldung ein erster Schritt zu einer gesunden Ernährung sei und ich mich später einmal nicht aus Dosen ernähren müsse.

Gespannt wartete ich schon auf die erste Kochstunde.

Vollverben	Hilfsverben	Modalverben

Verbarten – auf einen Blick

Wortart	Aufgaben	Aufgaben im Satz	Verbarten in den Zeitformen
Vollverben	bilden die **einteiligen Zeiformen** durch Wechsel im Stammvokal **(starke Verben)** oder durch Wechsel der Endung **(schwache Verben)**.	• teilen mit, WAS geschieht. • bilden das PRÄDIKAT.	Einteilige Zeitformen: **Präsens:** Ich schreibe den Brief. Sie glaubt dir. **Präteritum:** Ich schrieb den Brief. Sie glaubte dir.
Hilfsverben	• werden zur Bildung der **zweiteiligen Zeitformen** benötigt. • werden zur Bildung des **Passivs** benötigt. • können auch als **Vollverben** gebraucht werden.	• bilden einen Teil des PRÄDIKATS. • tragen die Personalform.	Zweiteilige Zeitformen: **Perfekt:** Ich habe … geschrieben. Er ist … gegangen. **Plusquamperfekt:** Ich hatte … geschrieben. Er war … gegangen. **Futur I:** Ich werde … schreiben. **Futur II:** Ich werde … geschrieben haben.
Modalverben	verändern (modifizieren) die Aussage eines Vollverbs **(Veränderung der Aussageweise)**.	bilden zusammen mit dem Infinitiv das Prädikat.	**Präsens:** Ich möchte … schreiben. **Präteritum:** Er musste … gehen. **Perfekt:** Sie hat dir glauben wollen.
modifizierende Verben	verändern (modifizieren) die Aussage eines Vollverbs **(Veränderung der Aussageweise)**.	• gehören zu den Vollverben, werden aber ähnlich wie Modalverben verwendet. • werden mit „zu“ und Infinitiv verwendet.	**Präsens:** Ich beabsichtige … zu schreiben. **Präteritum:** Er gedachte … zu gehen. **Präsens:** Sie scheint dir zu glauben.

Zeitformen des Verbs

Es gibt **drei** Zeitstufen: **Gegenwärtiges, Vergangenes und Zukünftiges.**

Diese Zeitstufen werden durch Zeitformen ausgedrückt.

Das Verb kann in der deutschen Sprache **sechs** Zeitformen bilden: **Präsens, Präteritum, Perfekt, Plusquamperfekt, Futur I, Futur II.**

Zeitstufen	Zeitformen
Gegenwärtiges (= was gerade ist)	Präsens
Vergangenes (= was vorüber ist)	Präteritum, Perfekt, Plusquamperfekt
Zukünftiges (= was sein wird)	Futur I, Futur II

Du verwendest das **Präsens** (Gegenwart), wenn du von **gegenwärtigem Geschehen** berichtest. Du drückst aus, was zum Zeitpunkt **gerade passiert**.
Du bildest es mit der 1. Stammform und der Personalendung, z. B. ich schreib**e**, du schreib**st** ...

Ü 16

Bilde von den Verben „gehen" und „wandern" das Präsens!
Schreibe sie in allen Personen auf und unterstreiche die Personalendungen!

ich geh_e_	wir
du	ihr
er/ sie/es	sie

er/sie/es wander_t_	

Du verwendest das **Präteritum** (Mitvergangenheit), um schriftlich über **vergangenes Geschehen** zu erzählen.
Du bildest es mit der 2. Stammform, z. B. ich schr**ie**b, du schr**ie**bst ...

Ü 17

Bilde von den Verben „gehen" und „wandern" das Präteritum!
Schreibe sie in allen Personen auf und unterstreiche die Änderungen der Stammvokale und die Personalendungen!

	sie g_i_ng_en_

	ihr wander_tet_

Du verwendest das **Perfekt** (Vergangenheit), um mündlich von einer vergangenen Begebenheit zu erzählen. Du gebrauchst es auch, wenn du **vom Präsens zurückblickend** erzählst.
Beispiel: Ich **lerne** Grammatik, weil ich gestern eine schlechte Note **bekommen habe**.

Du bildest es mit den **Hilfsverben „haben"** oder **„sein"** (in Personalform) und mit einem Vollverb im 2. Partizip (3. Stammform).
Beispiel: ich **habe** geschrieben, du **hast** geschrieben ...; ich **bin** gekommen, du **bist** gekommen ...

Ü 18 **Bilde von den Verben „gehen" und „glauben" das Perfekt!**
Schreibe sie in allen Personen auf und unterstreiche die Personalendungen!

du bist gegangen	

	wir haben geglaubt

Liegt ein Ereignis **vom Präteritum aus** gesehen noch **weiter zurück**, verwendest du das **Plusquamperfekt** (Vorvergangenheit).
Beispiel: Ich **vergaß**, dass ich mein Heft **hergeborgt hatte**.

Du bildest es mit den **Hilfsverben „haben"** oder **„sein"** (in der Präteritumform) und mit einem Vollverb im 2. Partizip (3. Stammform).
Beispiel: ich **hatte** geschrieben, du **hattest** geschrieben ...; ich **war** gekommen, du **warst** ...

Ü 19 **Bilde von den Verben „gehen" und „glauben" das Plusquamperfekt!**
Schreibe sie in allen Personen auf und unterstreiche die Personalendungen!

ich war gegangen	

er/sie/es hatte geglaubt	

Das **Futur I** (Zukunft) verwendest du, um etwas **Zukünftiges**, das noch nicht stattgefunden hat, auszudrücken. Du bildest es mit dem **Hilfsverb „werden"** und dem Infinitiv eines Vollverbs.
Beispiel: ich **werde** schreiben, du **wirst** schreiben ...

Du kannst mit dem Futur auch **Vermutungen, Absichten** und **Befehle ausdrücken**.

Ü 20 **Bilde von den Verben „gehen" und „glauben" das Futur I!**
Schreibe sie in allen Personen auf und unterstreiche die Personalendungen!

	sie werden gehen

du wirst glauben	

Das **Futur II** (Vorzukunft) verwendest du, um ein in der Zukunft bereits abgeschlossenes Geschehen oder eine Vermutung auszudrücken.
Beispiel: Ich **werde** nächstes Jahr die 4. Klasse abgeschlossen **haben**.

Du bildest es mit dem **Hilfsverb „werden“**, dem 2. Partizip (3. Stammform) eines Vollverbs und dem Infinitiv der Hilfsverben **„haben“ oder „sein“**.
Beispiel: ich **werde** geschrieben **haben**, du **wirst** angekommen **sein** ...

Das Futur II wird nur selten verwendet und daher nur kurz besprochen.
Du wirst dich erst in der 4. Klasse damit näher beschäftigen.

Ü 21 **Bilde von den Verben „gehen“ und „glauben “ das Futur II!**
Schreibe sie in allen Personen auf und unterstreiche die Personalendungen!

	wir werden gegangen sein

ich werde geglaubt haben	

Ü 22 **Fülle die Raster vollständig aus! Setze die Verben „ziehen“ und „liegen“ in alle Personen (Einzahl und Mehrzahl) und Zeitformen!**

Zeitformen	**1. Person Singular**	**2. Person Singular**	**3. Person Singular**
Präsens	ich ziehe		er/sie/es
Präteritum			
Perfekt			
Plusquamperfekt			
Futur I			
Futur II			

Zeitformen	**1. Person Plural**	**2. Person Plural**	**3. Person Plural**
Präsens	wir ziehen		
Präteritum			
Perfekt			
Plusquamperfekt			
Futur I			
Futur II			sie werden gezogen haben

Zeitformen	1. Person Singular	2. Person Singular	3. Person Singular
Präsens	ich liege		
Präteritum			
Perfekt			
Plusquamperfekt			
Futur I			
Futur II			

Zeitformen	1. Person Plural	2. Person Plural	3. Person Plural
Präsens	wir liegen		
Präteritum			
Perfekt			
Plusquamperfekt			
Futur I			
Futur II			sie werden gelegen sein

Ü 23

Unterstreiche das Hilfsverb und gib die Zeitform an!

1. Wir sind um die Wette geschwommen. **Perfekt**
2. Der Hund ist im Wald verschwunden.
3. Du wirst doch mitspielen?
4. Die Farbe wird sich beim Waschen verändern.
5. Ich bin ins Ziel gelaufen.
6. Die Verletzten waren gehumpelt.
7. Die Köche hatten gekostet.
8. Du bist gerade noch entkommen.
9. Wir werden diesen Abend nicht vergessen.
10. Die Ärzte werden gleich kommen.
11. Der Jockey war grandios geritten.
12. Er wird das Arbeitsblatt für dich kopieren.

Ü 24

Unterstreiche die Verben in den folgenden Sätzen und gib an, welche Zeitform sie bilden! Gib bei infiniten Verbformen an, um welche es sich handelt!

1. Conny versuchte immer schneller zu fahren. **Präteritum, Infinitiv**
2. Wir brauchen nicht länger zu warten.
3. Norbert ist mit seinem Scooter schwer gestürzt.
4. Renate wird der Lehrerin die Blumen überreichen.
5. Tante Käthe hat erst gestern ihr neues Auto bekommen.
6. Paul brachte die Pakete zuverlässig zur Post.
7. Meine Katze wird bald Junge bekommen.
8. Helga hatte ihren Ausweis vergessen.
9. Bist du am Sonntag in der Messe gewesen?
10. Seid ihr erst heute angekommen?
11. Er war nicht mitgegangen.

Ü 25 **Schreibe die beiden Sätze in allen Zeitformen auf!**

Präsens	Die neue Lehrerin betritt das Klassenzimmer.
Präteritum	
Perfekt	
Plusquamperfekt	
Futur I	
Futur II	

Präsens	Die 3a fährt auf Schikurs.
Präteritum	
Perfekt	
Plusquamperfekt	
Futur I	
Futur II	

Zusammenspiel der Zeitformen

Perfekt (Vergangenheit) was sich vorher ereignet hat = zurückblickend	←	**Präsens** (gegenwärtige Sicht)	→	**Futur** (Zukunft) was sich nachher ereignen wird = vorausblickend
Plusquamperfekt (Vorvergangenheit) was sich vorher ereignet hatte = zurückblickend	←	**Präteritum** (aus vergangener Sicht)	→	**Futur** (Zukunft) was sich nachher ereignen wird = vorausblickend

Präsens – Perfekt: Ich **fahre** zum Wettbewerb, nachdem ich die Erlaubnis **bekommen habe**.
Präteritum – Plusquamperfekt: Ich **fuhr** zum Wettbewerb, nachdem ich die Erlaubnis **bekommen hatte**.
Futur I: Ich **werde** zum Wettbewerb **fahren**.
(**Futur II**: Ich **werde** zum Wettbewerb **gefahren sein**.)

Ü 26 **Setze die Zeitformen (Präsens – Perfekt, Präteritum – Plusquamperfekt) so ein, dass das Zusammenspiel der Zeitformen stimmt!**

1. Wir ______ (anschauen) uns einen Film ______, nachdem wir die Prüfungen erfolgreich ______ (abschließen).
   Wir ______ (anschauen) uns einen Film ______, nachdem wir die Prüfungen erfolgreich ______ (abschließen).
2. Stefan ______ (bekommen) ein neues Handy, nachdem er vorgestern sein altes ______ (verkaufen).
   Stefan ______ (bekommen) ein neues Handy, nachdem er vorgestern sein altes ______ (verkaufen).

3. Barbara ______________ (finden) ihre Turnschuhe zu Hause im Keller, nachdem sie die gesamte Schülergarderobe __________________________ (absuchen).
   Barbara ______________ (finden) ihre Turnschuhe zu Hause im Keller, nachdem sie die gesamte Schülergarderobe __________________________ (absuchen).
4. Nachdem Sybille das ganze Schuljahr den Maschinschreibkurs __________________ (besuchen), ______________ (schreiben) sie ihre Aufgaben nur mehr am Computer und _________________________ (sich ersparen) eine Menge Zeit.
   Nachdem Sybille das ganze Schuljahr den Maschinschreibkurs __________________ (besuchen), ______________ (schreiben) sie ihre Aufgaben nur mehr am Computer und _________________________ (sich ersparen) eine Menge Zeit.

Verwendung von Futur I und Futur II

Futur I (Zukunft) wird verwendet bei:
- **Vermutung:** Es wird dir am Schikurs sicherlich gefallen.
- **Absicht:** Ich werde mir das noch einmal gut überlegen.
- **Befehl:** Du wirst das schön bleiben lassen!

Ü 27 **Unterstreiche die Prädikate, die in den Sätzen das Futur I bilden!**
Kreuze an, wie das Futur I jeweils verwendet wird (Vermutung/Absicht/Befehl)!

	Vermutung	Absicht	Befehl
1. In der neuen Klasse werdet ihr gewiss nette Schulkollegen haben.			
2. Ihr werdet das nie wieder tun!			
3. Die jungen Katzen werden bald stubenrein sein.			
4. Wir werden heute nur eine kurze Pause machen.			
5. Du wirst keine nächste Chance von mir bekommen.			
6. Heute in der Nacht wird es schneien.			

Futur II (Vorzukunft) wird verwendet für:
- **Vergangenes, das vermutlich passiert ist.**
  Beispiel: Er wird das sicher wieder vergessen haben.
- **In der Zukunft Vergangenes (= bereits Abgeschlossenes).**
  Beispiel: Nächste Woche um diese Zeit werden wir das Zeugnis schon bekommen haben.

Ü 28 **Unterstreiche die Prädikate, die in den Sätzen das Futur II bilden!**
Kreuze an, wie das Futur II jeweils verwendet wird (Vermutung/Abgeschlossenes)!

	Vermutung	Abgeschlossenes
1. Er wird sicherlich erst spät nach Hause gekommen sein.		
2. Unsere Mannschaft wird das Match doch gewonnen haben.		
3. Nächstes Jahr um diese Zeit wird Gabi die Aufnahmeprüfung schon geschafft haben.		
4. Nächsten Monat wird Julia auch die Schwimmprüfung bestanden haben.		
5. Felix wird das Klassenbuch wieder liegen gelassen haben.		

Zeitformen – auf einen Blick

Zeitform	Verwendung	Beispiele
Präsens (Gegenwart)	• **Gegenwärtiges** • **Vergangenes** • **Zukünftiges** • **Allgemein Gültiges**	• Ich **lese** gerade ein spannendes Buch. • 1910 **veröffentlicht** der Dichter dieses Werk. • Morgen **besuche** ich meine Cousine. • Fett **schwimmt** an der Wasseroberfläche.
Präteritum (Mitvergangenheit)	**Vergangenes** – für das **schriftliche Erzählen**	Als es noch keinen Fernseher **gab**, **gingen** die Leute öfter ins Kino.
Perfekt (Vergangenheit)	**Vergangenes** – für das **mündliche Erzählen**	Damals **hat** es bei uns noch keinen Fernseher **gegeben**. Wir **sind** ins Kino **gegangen**.
Plusquamperfekt (Vorvergangenheit)	**Vergangenes, das vor einer bereits vergangenen Handlung passiert ist**	Ich kam zu dir, nachdem ich meine Arbeit **erledigt hatte**. (Präteritum – Plusquamperfekt)
Futur I (Zukunft)	• **Vermutung** • **Absicht** • **Befehl**	• Es **wird** dir in der neuen Schule sicherlich **gefallen**. • Ich **werde** mit ihr darüber **reden**. • Du **wirst** heute früher nach Hause **kommen**!
Futur II (Vorzukunft)	• **Vergangenes, das vermutlich passiert ist** • **In der Zukunft Vergangenes** (= Abgeschlossenes)	• Er **wird** meinen Geburtstag sicher wieder **vergessen haben**. • Nächste Woche um diese Zeit **werden** wir schon in Italien **angekommen sein**.

Aktiv – Passiv

Das **gleiche Geschehen** kann **auf verschiedene Weise dargestellt** werden.
Einmal wird der **„Verursacher“** hervorgehoben („Tätigkeitsform“), einmal der **„Betroffene“** („Leideform“).

Es gibt zwei Arten des Passivs:
Vorgangspassiv („werden“-Passiv) und **Zustandspassiv** („sein“-Passiv).

	Subjekt (Verursacher)		O4 (Betroffene)	
AKTIV:	Der Tierarzt	**betreut**	die Stute.	
	Subjekt (Betroffene)		Vorwortergänzung	
VORGANGSPASSIV:	Die Stute	**wird**	vom Tierarzt	**betreut.**
	Subjekt (Betroffene)		Vorwortergänzung	
ZUSTANDSPASSIV:	Die Stute	**ist**	vom Tierarzt	**betreut.**

Das Objekt wird zum Subjekt.
Das Subjekt des aktiven Satzes fällt im passiven Satz meist weg.

	Subjekt	
VORGANG:	Die Stute	**wird betreut.**
	Subjekt	
ZUSTAND:	Die Stute	**ist betreut.**

Das **Vorgangspassiv** wird mit **werden** und dem **2. Partizip** gebildet.
Das **Zustandspassiv** wird mit **sein** und dem **2. Partizip** gebildet.

Alle Zeitformen können im Passiv ausgedrückt werden.

Vorgangspassiv

Präsens: Das Pferd **wird betreut.**	Personalform von **werden + 2. Partizip**
Präteritum: Das Pferd **wurde betreut.**	Personalform von **wurden + 2. Partizip**
Perfekt: Das Pferd **ist betreut worden.**	Personalform von **sein + 2. Partizip + worden**
PP: Das Pferd **war betreut worden.**	Personalform von **waren + 2. Partizip + worden**
Futur I: Das Pferd **wird betreut werden.**	Personalform von **werden + 2. Partizip + werden**
(**Futur II:** Das Pferd **wird betreut worden sein.**)	(Personalform von **werden + 2. Partizip + worden + sein**)

Zustandspassiv

Präsens: Das Pferd **ist betreut.**	Personalform von **sein + 2. Partizip**
Präteritum: Das Pferd **war betreut.**	Personalform von **waren + 2. Partizip**
Perfekt: Das Pferd **ist betreut gewesen.**	Personalform von **sein + 2. Partizip + gewesen**
PP: Das Pferd **war betreut gewesen.**	Personalform von **waren + 2. Partizip + gewesen**
Futur I: Das Pferd **wird betreut sein.**	Personalform von **werden + 2. Partizip + sein**
(**Futur II:** Das Pferd **wird betreut gewesen sein.**)	(Personalform von **werden + 2. Partizip + gewesen + sein**)

Ü 29 **Vervollständige die Tabelle!**
Im Passiv kannst du den „Verursacher“ (in diesem Fall: „vom Verkäufer“) weglassen!

Zeitform	Aktiv	Vorgangspassiv	Zustandspassiv
Präsens	Der Verkäufer öffnet das Geschäft.		
Präteritum		Das Geschäft wurde geöffnet.	
Perfekt			Das Geschäft ist geöffnet gewesen.
Plusquamperfekt	Der Verkäufer hatte das Geschäft geöffnet.		
Futur I		Das Geschäft wird geöffnet werden.	Das Geschäft wird geöffnet sein.

Ü 30 **Vervollständige die Tabelle! Gehe wie in Übung 29 vor!**
Im Passiv kannst du die „Verursacherin“ wieder weglassen!

Zeitform	Aktiv	Vorgangspassiv	Zustandspassiv
Präsens	Karin schreibt ein SMS.		
Präteritum			
Perfekt			
Plusquamperfekt			
Futur I			

Ü 31 **Kreuze an, was für den jeweiligen Satz zutrifft (Aktiv, Vorgangs- oder Zustandspassiv, Präsens, Präteritum, Perfekt, Plusquamperfekt oder Futur I)!**

	A	VP	ZP	Präs.	Prät.	Perf.	PP	F I
1. Mein Hund gräbt im Garten ein tiefes Loch.								
2. Wahrscheinlich wird er darin einen Knochen verstecken.								
3. Morgen wird der Knochen wieder ausgegraben werden.								
4. Dieses Spielchen war von ihm schon oft veranstaltet worden.								

Ü 32

Kreuze richtig an (Aktiv, Vorgangs- oder Zustandspassiv) und schreibe die jeweilige Zeitform auf!

	A	VP	ZP	Zeitform
1. Das Stiegenhaus wird vom Hausmeister wöchentlich gereinigt.				
2. Auch die Fenster putzt er jede Woche.				
3. Die Gartenanlage wird erst wieder im Sommer gepflegt werden.				
4. Im Winter wird der vereiste Gehsteig ordentlich gestreut.				
5. Sind die Mülltonnen schon entleert worden?				
6. Der Gehweg wird gekehrt werden.				
7. Die Hausssprechanlage ist bereits überprüft worden.				
8. Die Techniker sind schon um 8 Uhr Früh gekommen.				
9. Die Steckverbindungen der Kabel sind locker zusammengesetzt gewesen.				
10. Auch waren die elektrischen Leitungen nicht vorschriftsmäßig verlegt worden.				

Ü 33

Gib an, in welcher Verhaltensrichtung (Aktiv oder Vorgangspassiv) und in welcher Zeitform folgende Sätze geschrieben sind!

1. Der Lehrer war nach den Noten gefragt worden. ____________
2. Der Parkettboden ist von den Handwerkern zerkratzt worden. ____________
3. Die Rechnung wurde heute bezahlt. ____________
4. Der Nikolo wird morgen zu den Kindern kommen. ____________
5. Der Direktor war nach den Schülern gefragt worden. ____________
6. Der Holzboden ist von den Bodenlegern verlegt worden. ____________
7. Der Erlagschein wird heute eingezahlt werden. ____________
8. Der Krampus wird morgen zu den Jugendlichen kommen. ____________

Ü 34

Bestimme die Zeitformen und gib an, ob es sich um Aktiv (A), Zustandspassiv (ZP) oder Vorgangspassiv (VP) handelt!
Übertrage die Verbform anschließend in die angegebene Zeitform!
(Die Verhaltensrichtung soll gleich bleiben!)

1. es wird gefüttert: **VP Präsens**; Präteritum: **es wurde gefüttert**
2. sie sind geimpft: ____________; Futur I: ____________
3. es wurde wieder geöffnet: ____________; Perfekt: ____________
4. sie werden bezahlt: ____________; Präteritum: ____________
5. es wird abgegeben: ____________; Plusquamperfekt: ____________
6. ich bin gelandet: ____________; Präsens: ____________
7. du warst gejagt worden: ____________; Präsens: ____________
8. es ist zu spät gewesen: ____________; Futur I: ____________
9. sie waren beschädigt gewesen: ____________; Futur I: ____________
10. es wird vorgelesen werden: ____________; Präsens: ____________
11. ihr wurdet verständigt: ____________; Plusquamperfekt: ____________
12. es wird schon verkauft sein: ____________; Präsens: ____________
13. sie waren gezählt gewesen: ____________; Präteritum: ____________

Ü 35

Übertrage die Sätze in die angegebene Verhaltensrichtung und Zeitform!

1. Meine Schwester wird am Donnerstag operiert.	→ Vorgangspassiv, Perfekt Meine Schwester ist am Donnerstag operiert worden.
2. Lösche bitte die Tafel!	→ Aussagesatz, Vorgangspassiv, Präsens
3. Die Schultasche wird gepackt.	→ Fragesatz, Zustandspassiv, Präteritum
4. Mein Auto wird am Montag lackiert.	→ Vorgangspassiv, Perfekt
5. Der Beamte prüft die Fragebögen.	→ Zustandspassiv, Präteritum
6. Öffne bitte das Fenster!	→ Aussagesatz, Vorgangspassiv, Präsens
7. Der Koffer wird ausgepackt.	→ Fragesatz, Zustandspassiv, Präteritum

Von **allen Verbformen** kann eine **Aktivform** gebildet werden, aber **nicht alle** Verben können ein sinnvolles **Passiv bilden**.
Beispiel: **Aktiv** → **Passiv**
Ich gehe auf der Straße. → Die Straße wird gegangen.
Die Dose enthält Zucker. → Zucker wird von der Dose enthalten.

Verben, die ein **Akkusativobjekt** (Ergänzung im 4. Fall) **verlangen**, sind **meist passivfähig**.
Beispiel: **bringen, trennen, sehen, nennen**
Die Milch wird gebracht.
Das Kind ist gesehen worden.

Modus des Verbs/Indikativ und Konjunktiv

Mit dem Verb kannst du die **Aussageweise** eines Satzes **bestimmen**.

Mit dem **Indikativ** (Wirklichkeitsform) drückst du aus, dass es sich um eine **tatsächliche** (reale/wirkliche) **Begebenheit** handelt.

Indikativ ist der Modus, den du normalerweise verwendest.
Beispiel: Er schreibt seine Hausübung.
Ich glaube, heute Nacht wird es schneien.

Mit dem **Konjunktiv** (Möglichkeitsform) drückst du aus, dass es sich um einen **Wunsch**, um **Irreales** oder eine **Möglichkeit** handelt.

Das ist die Form, die du auch verwendest, wenn du das von einer anderen Person Gesagte weitererzählst (= **indirekte Rede**).
Beispiel: Sie sagte, er **schriebe** seine Hausübung ab. (2. Konjunktiv)
Er meint, sie **schreibe** diese selbst ab. (1. Konjunktiv)

Mit dem **Imperativ** (Befehlsform) richtest du eine **Bitte**, eine **Aufforderung** oder einen **Befehl** an jemanden.

Die Form des Imperativs wird aus dem Präsensstamm gebildet.
Beispiel: **Tritt** ein! **Steht** beim Läuten auf! **Nimm** bitte Platz!

Ü 36 **Bilde ausgehend von den Sätzen im Indikativ den Imperativ!**

Indikativ (Aussagesätze)	Imperativ (Befehlssätze)
1. Er **zieht** sich seine Schuhe an.	**Zieh** dir deine Schuhe an!
2. Sie warten bei der Bushaltestelle.	
3. Sie klettern nicht auf das Gerüst.	
4. Es betritt nicht den Rasen.	
5. Sie kauft vitaminreiches Obst und Gemüse.	
6. Man trägt wieder Miniröcke.	
7. Sie demonstrieren gegen die geplante Reform.	
8. Du rufst mich um 20 Uhr an.	
9. Er nimmt sich zwei Stück Fleisch.	
10. Er schreibt seine Hausübung ordentlich.	

Konjunktiv I

Den **Konjunktiv I** (Möglichkeitsform) bildest du **mit dem Infinitiv** (Nennform).
Er unterscheidet sich oft nur wenig oder gar nicht von der Form des Präsens.
Konjunktiv I wird **bei der indirekten Rede** (Wiedergabe von Gesagtem) **verwendet**.

Infinitiv	Präsens	Konjunktiv I
schreiben	ich schreib**e**	ich schreib**e**
	du schreib**st**	du schreib**est**
	er/sie/es schreib**t**	er/sie/es schreib**e**
	wir schreib**en**	wir schreib**en**
	ihr schreib**t**	ihr schreib**et**
	sie schreib**en**	sie schreib**en**

Ü 37 **Wiederhole obiges Beispiel mit den Verben „gehen“ und „glauben“ und bilde Präsens und Konjunktiv I!**

Infinitiv	Präsens	Konjunktiv I
gehen		

Infinitiv	Präsens	Konjunktiv I
glauben		

Ü 38 **Ergänze Infinitiv und Konjunktiv I!**

Infinitiv	Präsens	Konjunktiv I
	wir zählen	
	du ziehst	
	er weiß	
	ich spitze	
	ich mag	
	er sitzt	
	du legst	
	er stellt auf	
	sie montieren	
	du bist	
	sie putzt	
	du hast	
	es hält an	

Ü 39 **Ergänze die Formen des Konjunktivs I! (Wenn du unsicher bist, bilde den Infinitiv!)**

Präsens	Konjunktiv I	Präsens	Konjunktiv I
er spricht		er darf	
sie trägt		sie hat	
du isst		sie schlafen	
wir laufen		ich koche	
sie sieht		wir turnen	
es regnet		sie liest	

Konjunktiv II

Den **Konjunktiv II** bildest du mit dem **Präteritum** (2. Stammform).
Du verwendest ihn, **wenn etwas stark angezweifelt wird**, scheinbar unmöglich ist oder nur gedacht wird.
Beispiel: Wenn er davon **wüsste, käme** er nicht.

Unterscheidet sich der Konjunktiv I nicht vom Indikativ, wird in der **indirekten Rede** der **Konjunktiv II verwendet**.

Präteritum	Konjunktiv II
ich schrieb	ich schrieb**e**
du schriebst	du schrieb**est**
er/sie/es schrieb	er/sie/es schrieb**e**
wir schrieben	wir schrieb**en**
ihr schriebt	ihr schrieb**et**
sie schrieben	sie schrieb**en**

Bei starken Verben muss die **Umlautbildung** im Konjunktiv II erfolgen.
Beispiel: er s**a**h – er s**ä**he, sie w**a**r – sie w**ä**re

Ü 40 **Vervollständige die Tabelle mit den Verben „gehen“ und „glauben“!**

Präteritum	Konjunktiv II	Präteritum	Konjunktiv II
ich ging		ich glaubte	
du		du	
er/sie/es		er/sie/es	
wir		wir	
ihr		ihr	
sie		sie	

Wenn die Konjunktivform altertümlich oder seltsam klingt, solltest du eine **Umschreibung mit „würde“** oder ein **Modalverb** verwenden.
Beispiel: er trug – (er tr**ü**ge) – er **würde tragen**/er **sollte tragen**
sie las – (sie l**ä**se) – sie **würde lesen**/sie **wollte lesen**

Umschreiben solltest du auch, wenn sich die Form des **Konjunktiv II vom Präteritum nicht unterscheidet**.

Präteritum	Konjunktiv II	Modalverb
wir glaubten	(wir glaubten)	wir würden glauben
er schrie	(er schrie)	er würde schreien

Ü 41 **Ergänze die fehlenden Formen des Konjunktivs II!**
Wenn sie altertümlich oder seltsam klingen, umschreibe diese mit „würde“!
Unterscheidet sich der Konjunktiv II vom Präteritum nicht, wähle ebenso die Umschreibung mit „würde“!

Präteritum	Konjunktiv II	Präteritum	Konjunktiv II
er sprach		er las	
sie trug		sie kam	
wir liefen		ihr wart	
sie sah		er trat ein	
es regnete		es lag	
du schliefst		sie trank	
er durfte		er grub	

Ü 42

Ordne die Verbformen in die Tabelle richtig ein!

es läuft – sie flöge – sie schwimmt – du flohst – wir essen – ich las – er male an – sie lügt – ihr kämet – du warst – es ist – sie koche – er lese vor – sie kochten – er nehme – wir warfen – ich dürfte – er nimmt – es scheine – er schlafe – sie hätte – es wäre – ich bin – er verspräche – es habe – sie trank aus – es zeige sich – sie lagen – sie sitze – er kauft ein – sie wüssten – er bliebe – du konntest – es passt – er trank aus – er stäche

Präsens	Konjunktiv I	Präteritum	Konjunktiv II

Ü 43

Bilde von den Verben „haben" und „sein" den Konjunktiv I und den Konjunktiv II in allen Personen!

Konjunktiv I	Konjunktiv II	Konjunktiv I	Konjunktiv II
ich habe	ich hätte		
		er/sie/es sei	er/sie/es wäre

Ü 44

Setze die Form des Konjunktivs II ein! (In Klammer steht jeweils der Infinitiv.)

1. Wenn sie (Sg.) doch endlich ______ . (kommen)
2. Mutter ______ dir dabei helfen. (können)
3. Ihr tut so, als ______ (liegen) es nur an mir.
4. Erika tat so, als ob sie uns nicht ______ . (sehen)
5. Das ______ (tun) mir aber leid!
6. Er tut so, als ______ (müssen) er alles allein machen.
7. Ronny ______ (gehen) sicherlich mit, wenn er von der Party ______ . (wissen)
8. Renate ______ (sollen) längst fertig sein.
9. Wenn ich so reich ______ (sein), ______ (liegen) ich nur mehr in der Sonne.
10. Sie (Pl.) ______ (sollen) weniger streiten.

Direkte und indirekte Rede

Bei der **direkten Rede** gibst du ein Gespräch **wörtlich wieder**.
Du setzt das Gesagte beim Niederschreiben unter **Anführungszeichen**.
Beispiel: Er sagt: „Ich schreibe gerade meine Hausübung."

Bei der **indirekten Rede** gibst du das Gespräch nicht wörtlich, sondern **dem Sinn** nach wieder.
Das Verb steht im **Konjunktiv I**. Du drückst so aus, dass du nicht deine Meinung, sondern die eines anderen äußerst.
Beispiel: Er sagt, **er schreibe** gerade seine Hausübung.

Bei der Umformung von direkter in indirekte Rede ändert sich das **Pronomen**.

Sie meint: „Ich komme zu spät."
Sie meint, **sie** komme zu spät.

Unterscheidet sich Konjunktiv I vom Indikativ nicht, wird in der **indirekten Rede** der **Konjunktiv II verwendet**.

Sie sagt, ich singe falsch. (ich singe – Indikativ und Konjunktiv I sind gleich.)
Sie sagt, ich sänge falsch. (Konjunktiv II)

Ü 45

Wandle die direkte Rede in indirekte Rede um! Unterstreiche die Konjunktivformen! Achte auf die Änderung der Pronomen und schreibe diese in Farbe!

1. Er flüstert: „Es läutet in fünf Minuten."
   Er flüstert, es <u>läute</u> in fünf Minuten.
2. Sie behauptet: „Mein Fahrradschloss ist kaputt."
   ____
3. Daniela meint: „Ich gebe mein Schularbeitsheft schon ab."
   ____
4. Tobias berichtet mir enttäuscht: „Sie trifft sich heute mit Benno."
   ____
5. Onkel Thomas bietet uns an: „Ich borge euch mein neues Auto."
   ____
6. Ronald verkündet: „Sie ruft mich bestimmt an!"
   ____
7. Der Gast beschwerte sich: „Ich warte schon sehr lange auf meine Bestellung!"
   ____
8. Bernhard jubelte: „Ich freue mich über meinen neuen Fußball."
   ____
9. Der Filialleiter versprach mir: „Ich werde Sie wegen des Ferialjobs anrufen."
   ____

Indirekte Rede kannst du auch mit „dass-Sätzen" ausdrücken.

Er sagt, er **schreibe** seine Hausübung.
Er sagt, **dass** er seine Hausübung **schreibe**.

Ü 46

Wandle die direkten Reden aus Übung 45 in „dass-Sätze" um!

1. Er flüstert, es läute in fünf Minuten. **Er flüstert, dass es in fünf Minuten läute.**
2. Sie behauptet, dass ______
3. ______
4. ______
5. ______
6. ______
7. ______
8. ______
9. ______

Ist die direkte Rede ein Fragesatz, musst du die indirekte Rede als **„ob-Satz"** formulieren!

Ich frage ihn: „Schreibst du deine Hausübung?"
Ich frage ihn, **ob** er seine Hausübung **schreibe**.

Ü 47

Ändere die Fragesätze, die in direkter Rede stehen, in indirekte Reden um! Unterstreiche die Konjunktivformen!

1. Karl fragt seinen Bruder: „Borgst du mir dein Skateboard?"
   ______
2. Gerhard fragt ihn : „Parkst du mit deinem Auto im Hof?"
   ______
3. Sanja fragt uns: „Kommt ihr auch mit ins Kino?"
   ______
4. Vicky fragte ihn: „Bringst du mir auch eine Wurstsemmel mit?"
   ______
5. Patrick fragte mich: „Willst du meine Nachspeise essen?"
   ______

Das Verb – auf einen Blick

Verbformen	deutsche Bezeichnung	Beispiele
Finite Verbform	bestimmte Verbform/ Personalform	(ich) geh-e (er) geh-t
Infinite Verbformen Infinitiv 1. Partizip 2. Partizip	unbestimmte Verbformen: Nennform Mittelwort der Gegenwart Mittelwort der Vergangenheit	 gehen gehend gegangen
Verbarten		
Vollverben	Hauptzeitwörter	gehen, schreiben ...
Hilfsverben	Hilfszeitwörter	haben, sein, werden
Modalverben	Hilfszeitwörter der Aussage	dürfen, können, wollen, sollen, müssen, mögen
Modifizierende Verben	„abändernde" Zeitwörter	meinen, scheinen, gedenken, vermögen ...
Funktionen		
Tempus: **Präsens** **Präteritum** **Perfekt** **Plusquamperfekt** **Futur I** **Futur II**	**Zeitform:** Gegenwart Mitvergangenheit Vergangenheit Vorvergangenheit Zukunft Vorzukunft	 er geht/es regnet er ging/es regnete er ist gegangen/es hat geregnet er war gegangen/es hatte geregnet er wird gehen/es wird regnen er wird gegangen sein/ es wird geregnet haben
Verhaltensrichtung: **Aktiv** **Passiv** Vorgangspassiv Zustandspassiv	 Tätigkeitsform „Leideform"	 Der Bub zerreißt das Buch. Das Buch wird zerrissen. Das Buch ist zerrissen.
Modus: **Indikativ** **Konjunktiv** 1. Konjunktiv 2. Konjunktiv **Imperativ**	**Aussageweise:** Wirklichkeitsform Möglichkeitsform Befehlsform	 Er schreibt einen Brief. Er sagt, er schreibe einen Brief. Wenn er doch einen Brief schriebe! Schreib einen Brief!

Großer Schlusstest zum Verb

Ü 48

Ordne folgende Verben nach starken, schwachen und gemischten Verben!
Bilde die Stammformen, dann kannst du die Verben leicht einordnen!

denken – meinen – sitzen – bringen – klopfen – legen – lesen – verdrängen – wissen – reden – bitten – arbeiten – turnen – senden – setzen – schneiden – graben – fallen – verbrennen

starke Verben: ______________________________

schwache Verben: ______________________________

gemischte Verben: ______________________________

Ü 49

Wandle die direkten Reden in indirekte Reden um!
Achte auf die Konjunktivbildung und auf die Änderung des Pronomens!

1. Monika erzählt ihrer Freundin: „Ich verreise morgen mit meinem Freund."
____
____
2. Der Radiosprecher meldete: „Die Umfahrungsstraße ist morgen wegen Bauarbeiten gesperrt."
____
____
3. Hilde telefonierte mit ihrer Tochter: „Ich verlängere meinen Kuraufenthalt um eine Woche."
____
____
4. Sonja beschwert sich bei Peter: „Ich habe hier lange genug auf dich gewartet."
____
____
5. Karl meinte: „Ich will mein Taschengeld lieber sparen."
____
____

Ü 50

Vervollständige die Tabelle!
Setze die Konjunktivformen und das Präteritum jeweils in die 3. Pers. Sg. (er)!

Infinitiv	Konjunktiv I	Präteritum	Konjunktiv II
sein			
lesen			
schlafen			
bringen			
können			

kommen			
haben			
schreiben			
werden			

Ü 51 Setze den Konjunktiv II ein! (In Klammer steht jeweils der Infinitiv.)

1. Wenn der Störungsdienst doch endlich ______ (kommen)!
2. Er ______ (können) morgen vielleicht schon den Gipfel erreichen.
3. Er ______ (laufen), wenn er von der Gefahr ______ (wissen).
4. Wenn ich so krank ______ (sein) wie du, ______ (bleiben) ich im Bett.
5. Meine kleine Schwester tat so, als ______ (schlafen) sie bereits.
6. Wir ______ (sollen) uns lieber untersuchen lassen.

Ü 52 Ordne die Verben aus dem Wortkasten in die passenden Zeilen! (Achtung: Doppelnennungen möglich!)

geht – geh – ist gegangen – ginge – gehe – gehst – komme – komm– kommt – kam – käme – gäbe – gibt – gib – gabst – gebe – gaben – lauft – lauf – liefe – läufst – war gelaufen – laufe

Indikativ: ______

Konjunktiv I + II: ______

Imperativ: ______

Ü 53 Unterstreiche die Verben und gib an, in welchem Modus (Aussageweise) sie stehen!

1. Lauf nicht auf die Straße!
2. Ich finde mein Handy nicht!
3. Es möge doch immer so bleiben.
4. Diesen Sommer trägt die modebewusste Frau kurze Röcke.
5. Gib mir bitte deine Hand!
6. Trag dich hier ein!
7. Könnte er mir mehr geben?
8. Ich dachte, er hätte schon gegessen.
9. Man nehme nur frische Zutaten.
10. Steh doch endlich still!

Ü 54 Schreibe in die Tabelle, welche Aufgabe das Verb im Satz erfüllt!

	Zeitform	A/P	Modus
1. Tanja verbessert die Schularbeit.	Präsens	Aktiv	Indikativ
2. Peter läuft in die Klasse.			
3. Die Schultasche wird gepackt.			
4. Schriebe er mir doch ein SMS!			
5. Wir waren gestern Schuhe kaufen.			
6. Moritz vergaß die Turnbefreiung zu Hause.			
7. Sie wurde von ihm am Küchentisch liegen gelassen.			
8. Wenn er doch endlich käme!			

Ü 55

Unterstreiche das Verb/die Verben im Satz und gib an, um welche Art es sich handelt! Gib auch an, welche infinite Verbform (Infinitiv, Partizip) jeweils verwendet wurde!

1. Mein Onkel pflegt jeden Tag eine Stunde zu gehen. **modifizierendes Verb, Vollverb/Infinitiv**
2. Er möchte morgen nicht kommen. ____________
3. Ist er schon da? ____________
4. Kurt hatte seine Turnsachen zu Hause vergessen. ____________
5. Möchtest du lieber später darüber reden? ____________
6. Du wirst das noch bereuen! ____________
7. Es scheint schon zu wirken. ____________
8. Marlies darf nicht zu spät nach Hause kommen. ____________
9. Der Brief muss heute noch abgeschickt werden. ____________
10. Der Bus war gestern zu früh abgefahren. ____________
11. Roman konnte heute nicht lange bleiben. ____________
12. Die Computermaus wurde ausgetauscht. ____________
13. Sabrina wird heute eine Schularbeit schreiben. ____________
14. Auch der Altbürgermeister gedachte zur feierlichen Eröffnung zu kommen. ____________
15. Das Interview wurde aufgezeichnet. ____________

Ü 56

Unterstreiche die Verben in den Sätzen und gib an, in welcher Zeitform sie stehen! Bestimme auch die Verhaltensrichtung (Aktiv/VP/ZP)!

1. Unsere Handballmannschaft ist freudig begrüßt worden. **Perfekt, VP**
2. Letzte Woche ist der vermisste Kater gefunden worden. ____________
3. Das Auto war rot lackiert gewesen. ____________
4. Seine Schritte sind immer größer geworden. ____________
5. Dieser Nagel ist von mir eingeschlagen worden. ____________
6. Das Zimmer war schon aufgeräumt gewesen. ____________
7. Die Kassa wird vom Chef persönlich überprüft werden. ____________
8. Die Kinder werden am Weltspartag ihre Ersparnisse einzahlen. ____________
9. Er wird sich sicherlich getäuscht haben. ____________

Ü 57

Achtung – fehlerhafte Sätze! Streiche das falsche Wort durch und ersetze es durch das richtige!

1. Die Klavierlehrerin ermahnt Gabi, ich müsse mehr üben.
2. Die Ärztin verordnete dem Kranken, er darf nur mit Krücken gehen.
3. Der Trainer rät seiner Mannschaft, sie soll aggressiver spielen.

Ü 58

Unterstreiche die Hilfsverben und Modalverben! Markiere die Vollverben! Bestimme Person, Zahl (Sg./Pl.), Zeitform, Modus (Indikativ, Konjunktiv, Imperativ) und Verhaltensrichtung (Aktiv/VP/ZP)!

1. Ich bin **geimpft** worden.	**1. Pers., Sg., Perfekt, Indikativ, VP**
2. **Stellt** die Sessel auf den Tisch!	**Imperativ, Pl.**
3. Der Schlitten wurde gezogen.	__________
4. Der Rasen ist bereits gemäht.	__________
5. Der Gärtner hatte die Hecke geschnitten.	__________
6. Die Turmuhr war damals schon repariert gewesen.	__________
7. Der Spieler wurde schwer gefoult.	__________
8. Er nehme drei Tropfen täglich.	__________
9. Komm schnell herein!	__________
10. Dagmar will unbedingt mit der Bahn fahren.	__________
11. Mein Zeugnis wird dieses Semester gut ausfallen.	__________
12. Der Schauspieler ist geehrt worden.	__________

Ü 59

Unterstreiche in der Geschichte „Küchenchef 2“ alle Verben (Prädikate) und markiere die Konjunktivformen! Schreibe die Verben in die angeführte Tabelle und ordne sie dabei nach Vollverben, Hilfsverben, Modalverben und modifizierenden Verben!

Küchenchef 2

Sehr motiviert und zum Kochen bereit, erschienen Daniel und ich zur ersten Kochstunde.
Nach einer kurzen theoretischen Einführung in die „Küchengeheimnisse“ kamen wir endlich zum praktischen Teil – nämlich zur Suppe.
Jede der vier Gruppen bekam von unserer Kochlehrerin die Aufgabe, eine Suppe zu kochen.
Bei einer abschließenden Verkostung sollte die beste ausgezeichnet werden.
Daniel und ich waren in der Gruppe, die Rindsuppe mit Frittateneinlage zubereiten durfte. Es schien alles sehr einfach zu gehen: Suppe kochen, Palatschinken machen, Frittaten schneiden, in eine Schüssel schütten, fertig!
Selbstsicher räumten wir das Kochgeschirr aus dem Schrank und jonglierten mit Sieb und Suppenschöpfern wie die coolen Fernsehköche.
Wir ließen die Eier über die Arbeitsplatte rollen und benutzten die Schneerute – wie ein Mikrofon – für wichtige Durchsagen.
Sebastian und Sonja, die beiden sollten die Frittaten backen, schüttelten fassungslos ihre Köpfe.
Es war vielleicht ein kleiner Fehler, dass wir unserer Lehrerin nur beiläufig zuhörten und lieber coole Sprüche klopften.
Es schien überaus einfach zu sein, dieses Büschel Gemüse zu putzen und dann mit Salz, einem Stückchen Rindfleisch und ein paar Knochen im Wasser zu kochen.
Die bald preisgekrönte Suppe köchelte und Daniel und ich unterhielten, besser gesagt, nervten die anderen währenddessen mit Hip-Hop- und Rap-Gesang.
Elegant warf ich meinem Kochgehilfen den großen Seiher zu und dieser hielt ihn lässig mit einer Hand über das Waschbecken. Schnell leerte er den Inhalt des Suppentopfes in den Seiher.

Das Wurzelgemüse, die Rindsknochen und das kleine Stückchen Fleisch purzelten ins Sieb. Wir klatschten mit den Handflächen zusammen. So einfach konnte also Kochen sein.
Als uns aber unsere Lehrerin nach der Suppe fragte, wurden wir beide bleich vor Schreck. Am liebsten wäre ich in den Ausguss des Waschbeckens gesprungen und hätte die Suppe herausgepumpt.
Daniel zeigte ins Waschbecken und auf das volle Sieb. Er stammelte nur, er habe die Suppe hier hineingeleert und wolle ...
„Echt cool", unterbrach ihn Sonja, „zwei wahre Küchenchefs!"
„Habt ihr euch das im Fernsehen bei Dick und Doof abgeschaut?", rappte Sebastian.
Dass unsere Suppe nicht den ersten Platz bekommen hat, muss ich nicht ausdrücklich erwähnen. Aber echt erniedrigend war, dass wir die ausgekochten Zutaten unter dem Gelächter der anderen nochmals kochen und dann dieses „heiße Wasser" mit Frittaten zum Verkosten servieren mussten.

Vollverben	
Hilfsverben	
Modalverben	
modifizierende Verben	

Kompetenz-Check

Das kann ich jetzt!

Kreuze an, was zutrifft! Falls du dich bei dem einen oder anderen Punkt noch nicht sicher fühlst, blättere nochmals zurück und wiederhole diesen Abschnitt!

	Ich kann …	Falls ich noch unsicher bin, kann ich hier nachschlagen:
☐	… die Wortarten nennen und Beispiele dazu geben.	S. 6
☐	… Verben nach ihrer Beugung in starke, schwache und gemischte Verben ordnen.	S. 7, 34
☐	… die Stammformen des Verbs bilden.	S. 8
☐	… finite und infinite Verbformen erkennen.	S. 9
☐	… finite Verbformen (Infinitiv, 1. und 2. Partizip) unterscheiden und bilden.	S. 9, 10
☐	… Verbarten (Vollverb, Hilfsverb, Modalverb, modifizierendes Verb) erkennen und unterscheiden.	S. 11, 12, 13, 14, 15, 36, 37, 38
☐	… Modalverben und modifizierende Verben nennen und richtig verwenden.	S. 12, 13
☐	… die drei Zeitstufen und sechs Zeitformen des Verbs nennen, unterscheiden und bilden.	S. 15, 16, 22
☐	… Verben in alle Zeitformen setzen.	S. 17, 18, 19
☐	… das Zusammenspiel der Zeitformen erklären und anwenden.	S. 20
☐	… Futur I und Futur II bilden und richtig verwenden.	S. 21
☐	… die Verhaltensrichtung (Aktiv – Passiv) von Sätzen unterscheiden.	S. 22
☐	… Vorgangspassiv und Zustandspassiv unterscheiden und bilden.	S. 23, 24, 25, 36
☐	… alle Zeitformen im Aktiv und Passiv ausdrücken.	S. 23, 24, 25, 26
☐	… die Aussageweisen (Wirklichkeitsform, Möglichkeitsform, Befehlsform) erkennen und bilden und weiß, wie sie verwendet werden.	S. 26, 27, 28
☐	… Konjunktiv I und Konjunktiv II bilden und in indirekter Rede richtig verwenden.	S. 27, 28, 29, 30, 31, 34, 35
☐	… direkte und indirekte Rede unterscheiden und weiß, wie ich die indirekte Rede bilde.	S. 31, 32
☐	… den Konjunktiv bei indirekter Rede (dass-Sätze, Fragesätze) richtig verwenden.	S. 32
☐	… die Merkmale von Verben (Form, Funktion, Verhaltensrichtung, Aussageweise) nennen und Beispiele dazu geben.	S. 33, 35

Das Nomen

Nomen bezeichnen **Lebewesen und Gegenstände**. Man nennt diese **Konkreta.**
z. B. Mensch, Luft, Auto

Nomen können auch **Nichtgegenständliches und Begriffe** bezeichnen.
Sie nennt man **Abstrakta**.
z. B. Seele, Freundschaft, Jahr, Deutsch

Nomen werden immer mit **großem Anfangsbuchstaben** geschrieben und können von einem **Artikel begleitet** werden.

Ü 60 **Ordne die folgenden Nomen der richtigen Bedeutungsgruppe zu!**

Sand – Schulhaus – Klugheit – Mathematik – Liter – Käse –
Stadt – Spaß – Gewässer – Gas – Ruhe – Glas – Geborgenheit – Stunde –
Freude – Riese – Härte – Drache – Wolke

Konkreta: ______________________________

____

Abstrakta: ______________________________

____

Genus und Numerus

Nomen haben ein **Geschlecht** (Genus). Es wird durch den Artikel angezeigt:
der – **männlich** (Maskulinum), die – **weiblich** (Femininum), das – **sächlich** (Neutrum).
z. B. der Mann (männlich), die Frau (weiblich), das Kind (sächlich)

Bei zusammengesetzten Nomen (Bestimmungswort + Grundwort) ist das **Grundwort** für das Geschlecht **ausschlaggebend**.

Bestimmungswort	+	Grundwort	=	zusammengesetztes Nomen
die Schule	+	**das** Gebäude	=	**das** Schulgebäude

Ü 61 **Bilde aus den Nomen Zusammensetzungen und setze den Artikel davor! Bestimme das Geschlecht!**

1. Schüler + Versammlung =
2. Geld + Börse =
3. Kinder + Buch + Autor =
4. Heft + Umschlag =
5. Tafel + Schwamm =
6. Blumen + Beet =

Der Numerus (**Zahl**) gibt an, ob das Nomen im **Singular** (Einzahl) oder im **Plural** (Mehrzahl) steht. Die Kennzeichnung erfolgt durch den **Artikel** (Begleiter) und durch die **Pluralendung**.

z. B. **der** Mann – **die** Männ**er**, **die** Frau – **die** Frau**en**, **das** Kind – **die** Kind**er**

Manche Nomen gibt es nur als Einzahlwörter, manche nur als Mehrzahlwörter!
Einzahlwörter: Laub, Milch, Armut, Dank, Obst
Mehrzahlwörter: Ferien, Masern, Geschwister, Leute, Kosten

Die Deklinationen – auf einen Blick

Je nach Art der Formveränderung in den Fällen unterscheidet man zwischen **starker, schwacher** und **gemischter Deklination** (Beugung).

Fall (Kasus)	**Frage**	**Singular (Einzahl)**	**Plural (Mehrzahl)**
1. Fall (Nominativ)	Wer oder was?	**der** Baum	**die** Bäume
2. Fall (Genitiv)	Wessen?	**des** Baumes	**der** Bäume
3. Fall (Dativ)	Wem?	**dem** Baum	**den** Bäumen
4. Fall (Akkusativ)	Wen oder was?	**den** Baum	**die** Bäume
1. Fall (Nominativ)	Wer oder was?	**die** Pflanze	**die** Pflanzen
2. Fall (Genitiv)	Wessen?	**der** Pflanze	**der** Pflanzen
3. Fall (Dativ)	Wem?	**der** Pflanze	**den** Pflanzen
4. Fall (Akkusativ)	Wen oder was?	**die** Pflanze	**die** Pflanzen
1. Fall (Nominativ)	Wer oder was?	**das** Blatt	**die** Blätter
2. Fall (Genitiv)	Wessen?	**des** Blattes	**der** Blätter
3. Fall (Dativ)	Wem?	**dem** Blatt	**den** Blättern
4. Fall (Akkusativ)	Wen oder was?	**das** Blatt	**die** Blätter

Starke Beugung erkennst du an der **Endung des 2. Falles**.

1. Fall Singular	**2. Fall Sg./Endung**	**2. Fall Pl./Endung**
der Tag (männlich)	des Tages/**-es**	der Tage/**-e**
der Mann (männlich)	des Mannes/**-es**	der Männer/**-er**
der Sessel (männlich)	des Sessels/**-s**	der Sessel/–
das Haus (sächlich)	des Hauses/**-es**	der Häuser/**-er**
die Hand (weiblich)	der Hand/–	der Hände/**Umlaut**

Kennzeichen starker Beugung sind:
Endung im Genitiv Sg.: -s/-es
Endung im Genitiv Pl.: -e/-er

Schwache Beugung erkennst du an der **Endung des 2. Falles**:

1. Fall Singular	**2. Fall Sg./Endung**	**2. Fall Pl./Endung**
die Frau (weiblich)	der Frau/–	der Frauen/**-en**
der Graf (männlich)	des Grafen/**-en**	der Grafen/**-en**

Kennzeichen schwacher Beugung sind:
Endung im Genitiv Sg.: –/-en
Endung im Genitiv Pl.: -en

Eine **gemischte Beugung** erkennst du daran, dass im **Singular eine starke Beugung** und im **Plural eine schwache Beugung** vorliegt.
Beispiel: des Aug**es**/der Aug**en**
↓ stark ↓ schwach

Bei **maskulinen** und **femininen** Nomen gibt es **keine gemischte Beugung**.
Bei **Nomen im Neutrum** gibt es **keine schwache Beugung**.

Ü 62 **Schreibe die Nomen mit ihrem bestimmten Artikel in die richtige Zeile!**

Mensch – Garten – Student – Palme – Hund – Mädchen –
Gast – Band – Nacht – Kur – Buchstabe – Bett

starke Beugung: ______________________

schwache Beugung: ______________________

gemischte Beugung: ______________________

Die Deklination (Beugung) des Nomens in einem bestimmten Fall richtet sich nach seiner **Funktion im Satz** (Subjekt, Objekt, adverbielle Bestimmung).

Fall	**Fragewort**	**Beispiel**
1. Fall (Nominativ)	Wer oder was?	**Das Kind** schreibt seine Hausübung. **Wer oder was** schreibt seine Hausübung?
2. Fall (Genitiv)	Wessen?	Er wird **des Diebstahls** beschuldigt. **Wessen** wird er beschuldigt?
3. Fall (Dativ)	Wem?	Ich helfe **meinem Nachbarn**. **Wem** helfe ich?
4. Fall (Akkusativ)	Wen oder was?	Sie nimmt **den Tafelschwamm**. **Wen oder was** nimmt sie?

Ü 63

Gib an, in welchem Fall die unterstrichenen Nomen (+ Begleiter) stehen! Schreibe das Fragewort dazu!

1. Ich begegne dem Schulwart.	**Wem? 3. Fall**
2. Ich fange den Ball.	___
3. Ihr glaubt dem Jungen nicht.	___
4. Du kauftest dir gestern eine Zeitung.	___
5. Das Buch wird nicht mehr gedruckt.	___
6. Wir üben das Maschinschreiben.	___
7. Sie vertrauen dem Arzt.	___
8. Er wird des Verbrechens angeklagt.	___
9. Unser Hund darf nicht ins Schlafzimmer.	___
10. Er gibt dem Freund die Hand.	___

Dativ und Akkusativ

Erinnere dich: Wichtig ist die Unterscheidung zwischen Dativ (3. Fall) und Akkusativ (4. Fall).

Als Hilfe kannst du die **Ersatzwörter** nehmen:
mir ⟶ 3. Fall (Wem?)
mich ⟶ 4. Fall (Wen oder was?)

Ich sehe **den Freund. Wen oder was? Akkusativ**
Ich sehe **mich** im Spiegel. **Wen oder was? Akkusativ**

Ich helfe **dem Freund**. **Wem? Dativ**
Sie hilft **mir**. **Wem? Dativ**

Ü 64

Setze die richtige Fallendung ein! Schreibe den Fall und das Ersatzwort in Klammer!

1. Der Verkäufer grüßt de___ Kund___. (___)
2. Der Botendienst bringt de___ Mann die bestellte Ware. (___)
3. Die Großeltern schenken de___ Enkelsohn de___ versprochenen Computer. (___)
4. Die Verliebte schreibt de___ Verlobte___ eine___ Liebesbrief. (___)
5. Der Hund erkannte seine___ Herrn sofort. (___)
6. Gib mir bitte de___ Dosenöffner! (___)
7. Sie glaubt ihre___ Freund. (___)
8. Er borgt de___ Nachbarn de___ Rasenmäher. (___)
9. Wir versprechen de___ Kindern eine___ Kinobesuch. (___)
10. Der Lehrer fragte de___ Schüler nach der Hausübung. (___)

Bildung von Nomen

Viele Nomen werden aus Verben, Adjektiven oder aus anderen Nomen gebildet.

Es wird eine **Endung hinzugefügt**:
-heit, -keit, -igkeit, -ung, -nis, -tum, -ling, -ur, -schaft ...

erfinden **(Verb)**: die Erfind**ung**
krank **(Adjektiv)**: die Krank**heit**
Taufe **(Nomen)**: der Täuf**ling**

Ü 65 **Bilde aus folgenden Wörtern Nomen, indem du eine der Endungen verwendest! Führe in Klammer an, aus welcher Wortart du das Nomen ableitest!**

Wortart	Nomenbildung	Wortart	Nomenbildung
verloben (Verb)	Verlob**ung**	gesund ( )	Gesund
langsam ( )	Langsam		Gesund
korrekt ( )	Korrekt	Leser ( )	Leser
	Korrekt	übertreten ( )	Übertret
prüfen ( )	Prüf	gültig ( )	Gültig
	Prüf	heil ( )	Heil
wirken ( )	Wirk		Heilig , Heil
tätig ( )	Tätig	beerdigen ( )	Beerdig
Pate ( )	Paten	König ( )	König
frisieren ( )	Fris	zeugen ( )	Zeug
fremd ( )	Fremd		Zeug
	Fremd	Arbeiter ( )	Arbeiter
neu ( )	Neu	wandern ( )	Wander
	Neu , Neu		Wander

Nomen können aber auch aus Verben und Adjektiven **gebildet werden**, wenn Folgendes zutrifft:

- Steht ein **Artikel** vor dem Verb (Infinitiv) oder Adjektiv, wird dieses zu einem Nomen.
  singen, buchstabieren (Verben): **das S**ingen, **das B**uchstabieren
  fleißig, roh (Adjektive): **der/die F**leißige, **das R**ohe
- Steht **kein Artikel** vor dem Verb (Infinitiv) oder Adjektiv, **könnte aber einer eingefügt werden**, schreibst du es auch groß.
  Lesen und **S**chreiben sind sehr wichtig. **Das L**esen und **das S**chreiben ...
  Fleißige und **E**ifrige werden es schaffen. **Die F**leißigen und **die E**ifrigen ...
- Wenn **unbestimmte Zahlwörter** (**einiges, alles, etwas, nichts, viel, wenig**) vor Adjektiven stehen, werden sie zu Nomen.
  etwas Groß**es**, **alles L**iebe, **viel E**rfreuliches ...

Adjektive, die zu Nomen werden, weil ein unbestimmtes Zahlwort davor steht, haben die Endung **-es** oder **-e.**

- In Verbindung mit den **Vorwörtern** (**beim, im, vom, zum, am**) schreibt man den Infinitiv von Verben groß, weil ein **versteckter Artikel im Vorwort** enthalten ist.
  beim = bei dem, im = in dem, vom = von dem, zum = zu dem, am = an dem
  zum Schreiben, **beim** (langen) **W**arten, **im G**ehen, **vom** (kalten) **T**rinken ...

- Steht ein **Pronomen** vor dem Verb (Infinitiv), wird es zum Nomen.
  sein (lautes) **W**einen, **ihr** (langes) **S**chweigen, **unser** (gemeinsames) **S**ingen ...

Achtung! Nicht betroffen von der Großschreibung sind Ergänzungen (Attribute).
Zur Probe: Wenn du dieses Wort (Attribut) weglassen kannst, schreibst du es klein.
sein (**lautes**) Weinen, welches Weinen? ⟶ **Attribut**

Ü 66

Forme folgende Verben so um, dass sie durch die angeführten Begleiter zu Nomen werden!

Verb (Infinitiv)	Verb mit Artikel	mit verstecktem Artikel	mit Pronomen
anschreiben:	**das A**nschreiben	**beim A**nschreiben	**sein A**nschreiben
ertragen:		zum (besseren)	sein (geduldiges)
aufbauen:		zum (schnelleren)	dein (geplantes)
trinken:	das (hastige)	beim	sein (vieles)
rechnen:	das (schnelle)	zum	dein (kompliziertes)
kochen:	das (tägliche)	beim	mein (aufwendiges)
demonstrieren:		zum (langen)	sein
sitzen:	das (lange)	im	ihr (langes)
umstellen:		zum	sein (schnelles)

Ü 67

Forme jedes der angeführten Adjektive so um, dass es mit dem unbestimmten Zahlwort davor zu einem Nomen wird! Achte auf die Endung!

Adjektiv	Zahlwort + Adjektiv
vieles ist für ihn ungewohnt	**viel U**ngewohntes
manches ist uns vertraut	manches
etwas ist uns unangenehm	
nichts ist essbar	
wenig war verwendbar	
alles ist rein	
vieles war unverständlich	
einiges war verdorben	

Ü 68 **Schreibe folgenden Text in Schreibschrift ab und unterstreiche die durch Nominalisierung großgeschriebenen Verben und Adjektive!**
Achte auf die Begleiter und Zahlwörter und unterstreiche sie ebenfalls!
(Achtung: SS kann ß werden!)

Tante Frieda räumt auf (Teil 1)

ALS MEINE ELTERN VOR EINIGER ZEIT AUS BERUFLICHEN GRÜNDEN VERREISEN MUSSTEN, ERKLÄRTE SICH DIE SCHWESTER MEINES VATERS, TANTE FRIEDA, SOFORT BEREIT, AUF MICH UND MEINE SCHESTER AUFZUPASSEN.
MEINE ACHTJÄHRIGE SCHWESTER LISA FREUTE SICH ÜBER DIE WILLKOMMENE ABWECHSLUNG. MIR BLIEB AUCH NICHTS ANDERES ÜBRIG, ALS MICH „ZU FREUEN“, DENN MEINE ELTERN „ERPRESSTEN“ MICH MIT DEM VERSPRECHEN, MIR DIE NEUE „PLAYSTATION“ ZU SCHENKEN.
DER ERSTE TAG MIT TANTE FRIEDA BRACHTE NICHTS SCHLIMMES. SIE LIESS MICH IN RUHE FERNSEHEN UND AM COMPUTER SPIELEN. NUR MANCHMAL FRAGTE SIE, WO SIE IRGENDWELCHE HAUSHALTSGERÄTE, DIE SIE ZUM PUTZEN UND REINIGEN DES HAUSES BENÖTIGTE, FINDEN KÖNNTE.
AM ZWEITEN TAG HATTE SIE IHRE PUTZ- UND AUFRÄUMWUT SCHON BIS IN MEIN ZIMMER GETRIEBEN. BEIM EINSAMMELN MEINER KLEIDUNGSSTÜCKE VOM FUSSBODEN STÖHNTE SIE KAUM, BEIM STAPELN MEINER ZEITSCHRIFTEN UND SCHULSACHEN ZEIGTE SIE GROSSE GESCHICKLICHKEIT UND AUCH DAS STUNDENLANGE LÜFTEN MEINES ZIMMERS BIS ZU MINUSGRADEN MACHTE IHR KAUM ZU SCHAFFEN.
„TANTE FRIEDA MEINT ES NUR GUT MIT MIR, DENN SIE IST DIE LIEBENSWÜRDIGKEIT IN PERSON! “, BERUHIGTE ICH MICH SELBST UND VERSUCHTE AN DIE NEUE „PLAYSTATION“ ZU DENKEN.
ALS IN MEINEM ZIMMER NUN ALLES UNORDENTLICHE NACH TANTE FRIEDAS ORDNUNGSSINN GEORDNET WAR, HOFFTE ICH, DAS ÄRGSTE ÜBERSTANDEN ZU HABEN.
„ICH MUSS NUR MEHR EINEN TAG AUSHALTEN! DAS KOMMEN DER ELTERN IST NAHE!“, DACHTE ICH. DOCH ES SOLLTE NOCH SCHLIMMER KOMMEN, DENN AM DRITTEN TAG VON TANTE FRIEDAS AUFENTHALT GESCHAH ETWAS SCHRECKLICHES.

Großer Schlusstest zum Nomen

Ü 69

Stelle fest, welche der angeführten Wörter Nomen sein können!
Unterstreiche sie und schreibe sie mit ihrem bestimmten Artikel auf!

ZUG – ZOG – VERZOGEN – BEZUG – AUFZUG – ZIEH – NAHE – NÄHE – ANGENÄHERT – ANNÄHERUNG – KAM – ANKUNFT – ANGEKOMMEN – KOMM – KOMMT – LAUF – LIEF – ANLAUF – ANGELAUFEN – VERLAUF – SING – SANG – GESANG – GESUNGEN – SINGEND – TAT – TÄTER – GETAN – TUT – TUNLICHST

____

____

Ü 70

Dekliniere folgende Nomen und schreibe die Fragewörter in die dazugehörige Spalte!
Gib an, ob es sich um stark, schwach oder gemischt gebeugte Nomen handelt!

Fall (Kasus)	Frage	Singular (Einzahl)	Plural (Mehrzahl)
1. Fall (Nominativ)		der Stamm	die
2. Fall (Genitiv)			
3. Fall (Dativ)			
4. Fall (Akkusativ)			
1. Fall (Nominativ)		die Blume	die
2. Fall (Genitiv)			
3. Fall (Dativ)			
4. Fall (Akkusativ)			
1. Fall (Nominativ)		das Kraut	die
2. Fall (Genitiv)			
3. Fall (Dativ)			
4. Fall (Akkusativ)			

Ü 71

Gib den Kasus (Fall) der unterstrichenen Nomen und ihrer Begleiter an!

1. Karl fragt <u>den Einheimischen</u> nach dem Weg zum Bahnhof. ______
2. Sabine überreicht <u>dem Gewinner</u> <u>den Pokal</u>. ______
3. Sie versprachen <u>den Verunglückten</u> <u>sofortige Hilfe</u>. ______
4. Felix trägt <u>den schweren Sack</u> in den Keller. ______
5. <u>Den Reisenden</u> wünscht <u>der Zöllner</u> <u>gute Fahrt</u>. ______
6. <u>Der Kellner</u> bringt <u>dem Gast</u> <u>die Bestellung</u>. ______
7. <u>Dem Zuspätkommenden</u> wird <u>ein Stuhl</u> angeboten. ______
8. Veronika steckt <u>den Brüdern</u> <u>die Jausenbrote</u> in die Schultaschen. ______
9. <u>Der Bibliothekar</u> nimmt <u>das Buch</u> aus dem Regal. ______
10. Anke schenkt <u>den Nachbarskindern</u> <u>einen Korb voll mit Marillen</u>. ______

Ü 72

Unterstreiche in der Fortsetzung von „Tante Frieda räumt auf" alle Nomen! Achte auf die Begleiter und Zahlwörter als Erkennungszeichen für die nominalisierten Adjektive und Verben! Schreibe den Text in Schreibschrift in dein Übungsheft!

Tante Frieda räumt auf (Teil 2)

AM DRITTEN TAG VON TANTE FRIEDAS AUFENTHALT GESCHAH, WIE SCHON ERWÄHNT, ETWAS WIRKLICH SCHRECKLICHES.
ALS ICH GENERVT VON DER SCHULE NACH HAUSE KAM, HÖRTE ICH DAS RATTERN DER NÄHMASCHINE AUS DER KÜCHE.
„GUT, DASS SIE SICH NÄHARBEIT GEFUNDEN HAT, SO LÄSST SIE MEINE SACHEN WENIGSTENS IN RUHE!", DACHTE ICH BERUHIGT.
BEIM NÄHERKOMMEN SAH ICH, DASS FRIEDA HEFTIG MIT EINER JEANSHOSE KÄMPFTE, MIT MEINER JEANSHOSE.
STOFFFRANSEN LAGEN AM BODEN, EIN HOSENBEIN WURDE GERADE GEENDELT. ICH WAR DEN TRÄNEN NAHE. DIESE FRAU ZERSTÖRTE GERADE DAS WERK EINES GANZEN JAHRES. SO LANGE HATTE ES NÄMLICH GEDAUERT, BIS MEINE SKATERHOSE SO COOL AUSSAH, WIE ICH SIE AM MORGEN VERLASSEN HATTE.
STRAHLEND VOR FREUDE BERICHTETE MIR TANTE FRIEDA: „ICH HABE DIESE VIEL ZU LANGE, AUSGEFRANSTE HOSE GEKÜRZT UND GEFLICKT. ICH BIN SOFORT FERTIG! SIE LIEGT GLEICH ZUM ANZIEHEN BEREIT!"
LÄCHELND ERWARTETE SIE DANK UND ANERKENNUNG, DOCH ICH TAUMELTE WORTLOS IN MEIN ZIMMER.
ICH HÄTTE NIE GEDACHT, DASS ICH MICH ÜBER DAS HEIMKOMMEN MEINER ELTERN SO FREUEN WÜRDE.
ICH FREUTE MICH NATÜRLICH AUCH ÜBER DIE VERSPROCHENE „PLAYSTATION", ABER SIE HALF MIR NICHT ÜBER DIE ZERSTÖRUNG MEINER LIEBLINGSHOSE HINWEG.

Kompetenz-Check

Das kann ich jetzt!

Kreuze an, was zutrifft! Falls du dich bei dem einen oder anderen Punkt noch nicht sicher fühlst, blättere nochmals zurück und wiederhole diesen Abschnitt!

	Ich kann ...	Falls ich noch unsicher bin, kann ich hier nachschlagen:
☐	... Nomen erkennen, Geschlecht und Zahl bestimmen und zwischen Konkreta und Abstrakta unterscheiden.	S. 40, 47
☐	... starke, schwache und gemischte Beugung (Deklination) beim Nomen erkennen.	S. 41, 42
☐	... Nomen deklinieren (beugen) und nach den vier Fällen richtig fragen.	S. 41, 42, 47
☐	... Dativ und Akkusativ unterscheiden und Ersatzwörter (mir/mich) zu Hilfe nehmen.	S. 43
☐	Nominalisierung von Verben und Adjektiven aufgrund von Signalwörtern/Erkennungszeichen (Artikel, Vorwort, Zahlwort, Pronomen) erkennen.	S. 44, 45, 46, 48

Die Pronomen

Personalpronomen

Personalpronomen (persönliche Fürwörter) sind **Stellvertreter des Nomens.**

der Hund = **er**
die Katze = **sie**
das Pferd = **es**

Peter geht einkaufen. ⟶ **Er** geht einkaufen.

Das Pferd gehört Sabrina. ⟶ **Es** gehört ihr.

Bei der **persönlichen Anrede** unterscheidet man die **vertraute Form (du/Du, dein/Dein, dich/Dich, euer/Euer** ...), die in der Regel mit kleinem Anfangsbuchstaben geschrieben wird. **In Briefen** kann die vertrauliche Anrede auch großgeschrieben werden. Die **höfliche Form** (**Sie, Ihnen, Ihr** ...) wird immer mit großem Anfangsbuchstaben geschrieben.

Ich bitte **dich** um **deine** Hilfe. Ich bitte **Sie** um **Ihre** Hilfe.
Brief: Ich schicke **dir/Dir** liebe Grüße. Ich danke **Ihnen** für **Ihr** Schreiben.

Personalpronomen – auf einen Blick

	1. Person	**2. Person**		**3. Person**		
Singular		**vertraulich**	**höflich**			
1. Fall	ich	du	Sie	er	sie	es
2. Fall	meiner	deiner	Ihrer	seiner	ihrer	seiner
3. Fall	mir	dir	Ihnen	ihm	ihr	ihm
4. Fall	mich	dich	Sie	ihn	sie	es
Plural		**vertraulich**	**höflich**			
1. Fall	wir	ihr	Sie	sie		
2. Fall	unser	euer	Ihrer	ihrer		
3. Fall	uns	euch	Ihnen	ihnen		
4. Fall	uns	euch	Sie	sie		

Ü 73 **Felix Mitterer erzählt in seinem Roman „Superhenne Hanna" von einem neunundneunzig Jahre alten, blitzgescheiten Huhn, das nicht nur sprechen, sondern auch schreiben kann. Hanna sieht eines Tages die schreckliche Tierquälerei in einer Legebatterie. Von nun an setzt sie sich mithilfe zweier Kinder für ihre leidenden Artgenossinnen ein und fasst einen Plan, wie sie die armen Legehennen aus ihrem Gefängnis befreien kann. Zuerst aber schreibt sie einen Brief an eine Tageszeitung, um die Öffentlichkeit zu informieren. Hanna schreibt den Brief in vertrauter Anrede. Ändere ihn in höfliche Anrede um! Schreibe in dein Übungsheft!**

Sehr geehrte Zeitung!

Sei so gut und bringe das, was hier steht, in deiner nächsten Ausgabe. Ich möchte einmal dagegen protestieren, was man mit meinen Schwestern, den Hühnern, aufführt. Die werden in den Legefabriken, in den „Legebatterien", in winzig kleine Käfigboxen gesperrt, können sich kaum rühren, dürfen nicht im Freien herumlaufen, sehen ihr Lebtag keine Sonne und kein Gras und keine Bäume und überhaupt nichts. Nur Eier legen müssen sie, fressen und Eier legen, ihr ganzes kurzes Leben lang. Ist das etwa in Ordnung? So etwas dürft ihr Menschen nicht mit uns machen! Ihr könnt ja ruhig unsere Eier haben, wenn sie euch schmecken, aber ihr sollt uns schon ein wenig besser behandeln. Das, was ihr hier macht, ist Tierquälerei! Schämt euch! Außerdem seid ihr euch anscheinend nicht im Klaren darüber, dass die Eier der Hühner aus den Batteriekäfigen viel schlechter sind als die Eier der freien Hühner. Nicht nur, dass ihr kein Herz habt, ihr habt auch keinen Geschmack mehr. Sehr traurig! Das wollte ich euch einmal gesagt haben.

Hochachtungsvoll
Henne Hanna

(Aus: Felix Mitterer: Superhenne Hanna.15., neu überarbeitete Auflage. Wien G&G 2003. S. 63f)

Possessivpronomen

Das Possessivpronomen (besitzanzeigende Fürwort) steht **vor einem Nomen** und zeigt an, wem was gehört.
Es ist **Begleiter des Nomens** und **stimmt in Fall, Zahl und Geschlecht mit ihm überein** (wie ein Adjektiv).
Beispiele: **mein** Hund, **deine** Katze, **unser** Pferd

Achte auf die höfliche Form!
Beispiel: Parken Sie **Ihr** Auto bitte woanders!

Possessivpronomen – auf einen Blick

	Singular	Plural
1. Person	mein	unser
2. Person	dein	euer
3. Person	sein ihr sein	ihr

Ü 74

Ergänze die fehlenden Possessivpronomen! (Sie sollen zum Subjekt passen.)

1. Ich lese **meinen** Aufsatz lieber noch einmal durch.
2. Die Zuseher haben ___ Meinung geäußert.
3. Auch du musst ___ Pflicht erfüllen!
4. Der Vater weist ___ Kind an der Hand.
5. Sie konnte sich an ___ Zusage nicht mehr erinnern.
6. Wir werden ___ gemeinsamen Urlaub nie vergessen.
7. Er hat schon wieder ___ Schirm vergessen.
8. Ihr habt ___ Auto falsch geparkt.
9. Sie hat ___ Ausweis verloren.
10. Die Wähler haben ___ Stimmen abgegeben.
11. Sehr geehrte Damen und Herren, Sie haben jetzt Gelegenheit, ___ Anfragen an die Frau Bürgermeisterin zu richten.

Demonstrativpronomen

Demonstrativpronomen (hinweisende Fürwörter) **weisen auf etwas hin.**
Sie können **vor einem Nomen** oder **statt eines Nomens** stehen.

dieser, diese, dieses; jener, jene, jenes; derjenige, diejenige, dasjenige;
derselbe, dieselbe, dasselbe; solcher, solche, solches
der, die, das – Im Unterschied zum Artikel weisen sie ganz besonders auf etwas oder jemanden hin, z. B. an **dem** Platz dort, **das** da ...

Beispiele:
Nimm **diesen** Puzzleteil!
Dies ist **der** Hit des Jahres!
Ich glaube **das** nicht!
Borge mir bitte **solche** Stifte! **Jene** hier schreiben nicht mehr.
Derselbe Hund streunte gestern schon hier herum.

Ü 75

Unterstreiche jeweils das Demostrativpronomen!

1. Solche Schuhe habe ich in Braun.
2. Diese Sendung über Wale habe ich schon einmal gesehen.
3. Derselbe Mann war bereits Gast in einer anderen Talkshow.
4. Diejenigen, die eine Bestätigung haben, dürfen früher nach Hause gehen.
5. Er hatte dieselbe Geschichte schon einmal erzählt.
6. Setze dich doch auf diesen freien Sitzplatz!
7. Das ist doch die Höhe!

Relativpronomen

Das Relativpronomen (bezügliche Fürwort) leitet einen **Attributsatz** (Beifügesatz – Was für ein?) ein und **bezieht sich meist auf ein Nomen** des übergeordneten Satzes.

der, die, das – in allen grammatikalischen Fällen
welcher, welche, welches; wer, was

Was für ein?

Er ist ein Sportler, **der** sehr viel trainiert.

„Superhenne Hanna" ist ein Buch, **welches** von Jugendlichen gerne gelesen wird.

Er ist ein Schüler, auf **den** man sich verlassen kann.

Es ist das Beste, **was** dir passieren konnte.

Ü 76 **Füge das fehlende Relativpronomen ein und zeichne einen Pfeil zum Nomen, auf das es sich bezieht!**

1. Das ist nicht die Schülerin, __________ ich gestern hier gesehen habe.
2. Ich verstand die Frage nicht, __________ mir meine Physiklehrerin gestellt hatte.
3. Er ist ein Mensch, auf __________ du zählen kannst.
4. Nimm doch die neue Kreide, __________ ich dir dort hingelegt habe.
5. Wir müssen auch auf die Rücksicht nehmen, __________ langsam sind.
6. Die Schuhe, __________ ich mir wünsche, sind zu teuer.
7. Der Hund, von __________ du gebissen wurdest, wurde gefunden.

Indefinitpronomen

Das Indefinitpronomen (unbestimmte Fürwort) wird verwendet, wenn **keine nähere Bezeichnung von Personen oder Sachen** vorliegt oder eine **Menge nicht näher bestimmt ist.** Es steht meist als **Stellvertreter für ein Nomen** und wird **immer kleingeschrieben.**

man, jemand, niemand, etwas, nichts, einer, keiner, mancher, alle, alles, jeder ...

Beispiele:
Man kauft dort günstig ein.
Jemand sollte schnell kommen.
Es war weit und breit **niemand** zu sehen.
Er möchte, dass ihn **keiner** besucht.

Der Unterschied zwischen unbestimmtem Fürwort und **unbestimmtem Zahlwort** (**viel, alle, manche, nichts, etwas, einige, mehrere, wenige** ...) ist, dass das Zahlwort einen Artikel haben kann (z. B. das **wenige**, die **vielen**) und erweiterbar ist (z. B. sehr **wenige** Leute, nur **manche** Schüler ...).

Er fand nur **einige** Steine.
Sie erzählte uns **manches** Neue.
Wir mussten **mehrere** Stunden am Bahnhof warten.

Ü 77 **Gib an, ob es sich um ein Indefinitpronomen (IP) oder ein unbestimmtes Zahlwort (Z) handelt! Unterstreiche es!**

1. Sehr wenige Lehrer geben viel Hausübung. **Z, Z**
2. Gibt es etwas Neues? __________
3. Ist jemand zu Hause? __________
4. Bleibst du noch einige Minuten da? __________
5. Man konnte ihr viel Erfreuliches berichten. __________
6. Er konnte nichts mehr sehen! __________
7. Ich habe nichts Trockenes mehr zum Anziehen. __________
8. Es wird wahrscheinlich niemand da sein. __________

Ü 78 **Setze die fehlenden Buchstaben ein! Sie stehen am Satzende in Klammer. Achte auf die Groß- und Kleinschreibung!**

1. Gestern gingen ___inige aus unserer Klasse eislaufen. (E)
2. Die ___eisten Kinder konnten es schon recht gut. (M)
3. Ich bin leider ein ___aarmal hingefallen. (P)
4. Da in den ___etzten Tagen Tauwetter war, war über dem Eis ___twas Wasser. (L, E)
5. Mein Schianzug war schon ___twas ___ass geworden. (E, N)
6. Leider hatte ich ___ichts ___rockenes zum Umziehen mit. (N, T)
7. So musste ich ___ehrere Stunden in nasser Kleidung verbringen. (M)
8. Am nächsten Tag machte ich schon ein ___aarmal husten. (P)
9. Seit ___inigen ___tunden liege ich im Bett. (E, S)
10. Ich hatte bald ___lles ___erschwitzt. (A, V)
11. Meine Schulfreunde wünschten mir ___lles ___ute und baldige Genesung. (A, G)

Reflexivpronomen

Das **Reflexivpronomen** (rückbezügliche Fürwort) **weist auf den Handlungsträger zurück**. Es stimmt mit dem Subjekt überein.

Ich freue **mich**.

Ich schade **mir**.
Du beschwerst **dich**.
Du schadest **dir**.
Er ärgert **sich**.
Wir freuen **uns**.
Ihr beschwert **euch**.
Sie ärgern **sich**.

Ü 79 **Unterstreiche das Reflexivpronomen und markiere das Subjekt!**

1. Er sollte sich lieber hinlegen.
2. Kümmerst du dich um die jungen Katzen?
3. Wir haben uns selbst die Haare geschnitten.
4. Habt ihr euch das wirklich getraut?
5. Gegen diese Ungerechtigkeit muss ich mich wirklich wehren!
6. Harald hat sich bis jetzt nicht gemeldet.
7. Ich möchte mich nicht wieder verspäten.
8. Ihr habt euch viel vorgenommen.
9. Sie haben sich im Einkaufszentrum verlaufen.
10. Die Katze und der Hund vertragen sich nicht.

Ü 80 **Gib an, ob es sich bei den unterstrichenen Pronomen um Personalpronomen (PP) oder Reflexivpronomen (RP) handelt!**

1. Mit deinen Worten hast du <u>mich</u> sehr verletzt. ______
2. Die Krankenschwester bemüht <u>sich</u> sehr um den Patienten. ______
3. Ich erkläre es <u>euch</u> noch einmal. ______
4. Du wirst <u>dich</u> verletzen! ______
5. Warum glaubst du <u>ihm</u> nicht? ______
6. Sie hat <u>sich</u> nicht getraut. ______
7. So viel Geld habe ich nicht bei <u>mir</u>. ______
8. Er putzt <u>sich</u> dreimal täglich die Zähne. ______
9. Der Vater putzt <u>ihm</u> die Schuhe. ______
10. Gib <u>mir</u> bitte eine Antwort! ______
11. Ich schade <u>mir</u> ja nur selbst damit. ______

Ü 81 **Bestimme, ob die Pronomen ein Nomen vertreten (V) oder Begleiter des Nomens sind (B)! Schreibe anschließend auf, um welche Pronomen es sich handelt! (Relativpronomen = RP, Personalpronomen = PP, Demonstrativpronomen = DP, Reflexivpronomen = ReP, Indefinitpronomen = IP, Possessivpronomen = PoP)**

1. Der Schüler, <u>den</u> <u>ich</u> meine, geht in <u>deine</u> Klasse. **V, V, B – RP, PP, PoP**
2. Du musst diesen Beamten unbedingt erreichen. ______
3. Kannst du das beweisen? ______
4. Er hat sich sehr schwer verletzt. ______
5. Jemand steht vor deiner Tür. ______
6. Gibst du mir deine neue Telefonnummer? ______
7. Ich trage seine alten Sachen. ______
8. Diese Übung war leicht. ______

Die Pronomen – auf einen Blick

Pronomen werden nach ihrer Funktion eingeteilt.

Pronomen	Beispiele
Personalpronomen (persönliches Fürwort)	ich, du, er, sie, es, wir, ihr, sie
Possessivpronomen (besitzanzeigendes Fürwort)	mein, dein, sein, unser, euer, ihr
Demonstrativpronomen (hinweisendes Fürwort)	der, dieser, jener, derjenige, derselbe, die ...
Relativpronomen (bezügliches Fürwort)	der, welcher, wer, was ...
Indefinitpronomen (unbestimmtes Fürwort)	man, niemand, jeder, jemand, alle, beide, etwas ...
Reflexivpronomen (rückbezügliches Fürwort)	mich, dich, sich, uns, euch, mir, dir ...

Schlusstest zu den Pronomen

Ü 82 **Unterstreiche in der folgenden Geschichte alle Pronomen und gib an, um welche es sich handelt! (Relativpronomen = RP, Personalpronomen = PP, Demonstrativpronomen = DP, Reflexivpronomen = ReP, Indefinitpronomen = IP, Possessivpronomen = PoP)**

So ein Topfen!

Neulich sollte ich für meine Mutter schnell einkaufen fahren. Sie hatte den Topfen für mein Lieblingsgericht, Topfenknödel, vergessen.
Ich wollte mit meinem Fahrrad zum Supermarkt fahren. Als ich den platten Reifen sah, wusste ich, dass ich mir schnell etwas Neues einfallen lassen müsste. Es war nicht einfach, mir von meinem Bruder jenen neuen Scooter auszuborgen, den er zum Geburtstag bekommen hatte. Ich musste hoch und heilig versprechen, auf seinen Scooter, den er erst seit einigen Tagen besaß, wie auf meinen Augapfel aufzupassen. Auf dem Parkplatz des Einkaufzentrums stürzte ich, als ich einem stehen gelassenen Einkaufswagen ausweichen musste. Dem Scooter war nichts passiert, aber dafür meinem Knöchel. Aus dem Turnschuh blutete es, sodass ich mit meinem Taschentuch diesen verletzten Knöchel verbinden musste.
Langsam fuhr ich nach Hause und litt still vor mich hin, obwohl mein Fußgelenk ziemlich stark schmerzte.
Meinem Bruder, der schon sehnsüchtig auf sein Gefährt wartete, sagte ich nichts von meinem Missgeschick. Er hätte mir sonst den Scooter nie mehr geborgt.
Nur meine Mutter ahnte etwas, als sie die aufgeplatzen Topfenpackungen auf unserem Küchentisch fand.
Ich muss auch zugeben: Dieses Mal konnte ich meine Topfenknödel nicht so richtig genießen.

Kompetenz-Check

Das kann ich jetzt!

Kreuze an, was zutrifft! Falls du dich bei dem einen oder anderen Punkt noch nicht sicher fühlst, blättere nochmals zurück und wiederhole diesen Abschnitt!

	Ich kann ...	Falls ich noch unsicher bin, kann ich hier nachschlagen:
☐	... Personalpronomen (persönliche Fürwörter) als Stellvertreter des Nomens erkennen und deklinieren.	S. 49
☐	... Personalpronomen bei persönlicher Anrede (vertraute und höfliche Form) richtig verwenden.	S. 49
☐	... Possessivpronomen (besitzanzeigende Fürwörter) als Begleiter des Nomens erkennen und einem Nomen zuordnen.	S. 50
☐	... Demonstrativpronomen (hinweisende Fürwörter) als Begleiter und Stellvertreter von Nomen erkennen.	S. 51
☐	... Relativpronomen (bezügliche Fürwörter) und Indefinitpronomen (unbestimmte Fürwörter) erkennen und unterscheiden.	S. 51, 52
☐	... Reflexivpronomen (rückbezügliche Fürwörter) erkennen und einem Nomen zuordnen.	S. 53
☐	... alle Pronomen benennen und unterscheiden und weiß um ihre Bedeutung.	S. 54, 55

Das Adjektiv

Mit einem Adjektiv kannst du die **Eigenschaften** eines Lebewesens, eines Dinges oder eines Vorganges beschreiben. Es wird kleingeschrieben.

Adjektive können **stark oder schwach gebeugt** werden.
Adjektive sind **stark** gebeugt, wenn der **Fall** des Nomens von **keinem Begleiter angezeigt wird**.
Adjektive sind **schwach** gebeugt, wenn der **Fall** des Nomens **vom Begleiter** (Artikel, Pronomen) **angezeigt wird**.

starke Beugung	**schwache Beugung**
bei gute**r** Sicht	bei de**r** gute**n** Sicht
nach schwere**m** Leiden	nach de**m** schwere**n** Leiden
von enorme**r** Größe	von diese**r** enorme**n** Größe
bei warme**m**, herrliche**m** Sonnenschein	bei diese**m** warme**n**, herrliche**n** Sonnenschein

Ü 83

Unterstreiche das Adjektiv!
Gib an, ob eine starke oder schwache Beugung vorliegt!

1. Bei regnerischem Wetter mussten wir nach Hause gehen. **starke Beugung**
2. In dem großen Garten wachsen alte Obstbäume. ____________
3. Fred musste sich neue Fußballschuhe kaufen. ____________
4. Mit großer Freude verkündeten sie die gute Nachricht. ____________
5. Veronika zeigte mir ihre vielen Zeitungsausschnitte. ____________
6. Ich schwimme gerne in diesem warmen Thermalwasser. ____________
7. Gießt du mir bitte warmes Wasser in das kleine Becken? ____________
8. Der neue Fahrradschlauch hatte winzig kleine Löcher. ____________
9. Gerda möchte bei schlechtem Wetter lieber zu Hause bleiben. ____________
10. Stefan will aber bei diesem schlechten Wetter spazieren gehen. ____________
11. Unser junger Hund vergräbt die alten Suppenknochen im Garten. ____________
12. Ferdinand läuft mit seinen schmutzigen Schuhen über den weißen Teppich. ____________

Anhand der Nachsilben **-ig, -lich, -sam, -bar, -isch, -haft** kannst du Adjektive leicht erkennen. Meist wird das Adjektiv von einem Nomen oder Verb abgeleitet.

die Hast – hast**ig**, der Mann – männ**lich**, trinken – trink**bar**, sparen – spar**sam**

Ü 84

Bilde aus folgenden Wörtern Adjektive, indem du eine der oben angeführten Nachsilben verwendest!

tragen		fälschen	
wackeln		Bart	
Furcht		Feind	
Freund		Leser	
Arzt		Telefon	
kleiden		Nahrung	

Adjektive, die sich **auf Nomen beziehen**, schreibst du **klein**.
Das trifft auch dann zu, wenn das Adjektiv nicht unmittelbar vor dem Nomen steht.

Er hört gerne Musik, besonders die **klassische** (Musik).

Ü 85 **Setze das Adjektiv in Schreibschrift geschrieben richtig ein! Unterstreiche das Nomen, auf das es sich bezieht!**

1. Geben Sie mir ein Dutzend Eier, aber bitte nur ________ ! (BRAUNE)
2. Er isst gerne Schokolade, besonders die ________ .(WEISSE)
3. Sie trägt gerne Hosen, aber nur ________ .(ENGE)
4. Er sammelt Briefmarken, vor allem ________ .(AUSLÄNDISCHE)
5. Erika liebt Autos, besonders die ________ . (SCHNELLEN)
6. Gib mir bitte ein paar Zwetschken, aber nur ________ ! (WEICHE)
7. Günter interessiert sich für Kunst, besonders für die ________ . (MODERNE)
8. Vor dem Gewitter fürchteten sich die Kinder, besonders die ________ . (KLEINEN)

Die Steigerungsstufen

Die meisten Adjektive lassen sich **steigern** (Komparation).
Es gibt **drei Steigerungsstufen**: Grundstufe – Mehrstufe – Meiststufe.
Wenn du unsicher bist, ob ein Wort ein Adjektiv ist, dann versuche dieses Wort zu **steigern**, denn das ist **nur bei Adjektiven möglich**.

Positiv/Grundstufe	Komparativ/Mehrstufe	Superlativ/Meiststufe
schwer	schwer**er**	(am) schwer**sten**
fleißig	fleißig**er**	(am) fleißig**sten**

Ü 86 **Vervollständige die Tabelle! Überprüfe, ob die Steigerungen sinnvoll sind!**

Positiv/Grundstufe	Komparativ/Mehrstufe	Superlativ/Meiststufe
leicht		
heiß		
viel		
schmutzig		
kalt		
gut		
jung		
hoch		
tot		
leer		

Nicht alle Adjektive kannst du sinnvoll steigern.
Beispiele: tot, leer, voll ... und alle Farben (schwarz ...)

Wie Adjektive gebraucht werden

Ein Adjektiv, das **vor einem Nomen** steht, **beschreibt** dieses **genauer**.
Es wird **gebeugt** und steht im **gleichen Fall** wie das Nomen.
Es ist als **Beifügung zum Nomen** (ergänzt das Nomen) verwendet und **kein eigenes Satzglied**.
Zu dieser Beifügung kannst du auch **Attribut** sagen.

eine **köstliche** Torte, die **fleißige** Schülerin

Du erfragst das **Attribut** mit: **Was für ein(e)? Welche?**

Das Adjektiv eines Nomens stimmt mit diesem in Fall, Zahl und Geschlecht überein (**= gebeugt**).

ein alt**es** Haus, bei eine**m** alt**en** Haus, an de**n** alt**en** Häusern

Ein Adjektiv kann in Sätzen mit bestimmten Verbformen von **sein, werden** (ist, sind, war ...) stehen.
Es gehört dann zum **Prädikat** (ergänzt das Prädikat), ist **nicht gebeugt** und **ein eigenes Satzglied**.

Fleißig ist die Schülerin. Die Torte war **köstlich**. Die Semesterferien werden **toll**.

Du erfragst dieses **Adjektiv** mit: **„Wie ist (war) er/sie/es?“**
„Wie sind (waren/werden) sie?“

Ein Adjektiv kann im Satz **mit jedem Verb** stehen.
Es bezieht sich dann auf dieses Verb und **beschreibt es näher**. Es ist ein **eigenes Satzglied**.
Man nennt es **adverbielle Bestimmung** (Artergänzung).

Die Torte schmeckte **köstlich**. Die Schülerin lernt **fleißig**.

Du erfragst die **adverbielle Bestimmung** mit: **„Wie schmeckte die Torte?“**
„Wie lernt die Schülerin?“

attributiv: Ich backe eine **köstliche** Torte.
prädikativ: Die Torte ist **köstlich**.
adverbiell: Die Torte schmeckt **köstlich**.

Ü 87

Unterstreiche zuerst die Adjektive und gib anschließend an, wie sie gebraucht werden: attributiv (at), prädikativ (pr) oder adverbiell (ad)!

1. Mein bester Freund schenkte mir das neueste Computerspiel.
2. Bitte ziehe dir deine schmutzigen Schuhe im Vorraum aus!
3. Er ist freundlich.
4. Sie grüßte mich sehr freundlich.
5. Hast du schon den neuesten Zeichentrickfilm im Kino gesehen?
6. Ich bin gut im Kopfrechnen.
7. Er tanzt hervorragend Walzer.
8. Sie kocht die besten Spaghetti.

Gebrauch von Adjektiven – auf einen Blick

Das Adjektiv kann verwendet werden	**Beispiele/Frage**
als **Beifügung zum Nomen** (**attributiver** Gebrauch). **Es ist kein eigenes Satzglied.**	Die fleißige Schülerin lernt für die schwere Prüfung. **Was für eine? Welche?**
mit Verbformen von sein, werden (**prädikativer** Gebrauch). **Es ist ein eigenes Satzglied.**	Die Schülerin ist fleißig. Die Prüfung war schwer. **Wie ist/war …?**
nähere Beschreibung von einem Verb (**adverbieller** Gebrauch). **Es ist ein eigenes Satzglied.**	Die Schülerin lernt fleißig. **Wie lernt …?**

Partizipien wie Adjektive verwenden

Partizipien werden häufig als **Attribute** (so wie Adjektive) verwendet.

1. Partizip (Mittelwort der Gegenwart): ein spannen**der** Film, die drohen**de** Botschaft
2. Partizip (Mittelwort der Vergangenheit): eine **ge**lungene Party, das **ge**sunkene Boot

Ü 88 **Bilde aus dem angegebenen Infinitiv das 1. und das 2. Partizip und verwende sie als Adjektive!**

Infinitiv	**1. Partizip als Adjektiv**	**2. Partizip als Adjektiv**
verblühen	______ Rosen	______ Rosen
malen	ein ______ Künstler	ein ______ Bild
verschwinden	______ Licht	eine ______ Insel
schreiben	ein ______ Kind	ein ______ Brief
kochen	______ Wasser	ein ______ Ei
quietschen	______ Keilriemen	______ Laute
schleudern	eine ______ Waschmaschine	______ Wäsche
wechseln	______ Wetter	______ Geld

Adjektive – groß oder klein?

- Steht ein **Artikel** vor einem Adjektiv, wird dieses zu einem Nomen und daher großgeschrieben.
  fleißig, roh (Adjektive): **der/die** Fleißige, **das** Rohe
- Steht **kein Artikel** vor dem Adjektiv, **könnte aber einer eingefügt werden**, schreibst du es auch groß.
  Fleißige und **E**ifrige werden es schaffen. **Die F**leißigen und **die E**ifrigen werden es schaffen.
- Wenn **unbestimmte Zahlwörter** (**einiges, alles, etwas, nichts, viel, wenig**) vor Adjektiven stehen, werden sie zu Nomen.
  etwas Groß**es**, **alles L**iebe, **viel E**rfreulich**es** ...

Adjektive, die zu Nomen werden, weil ein unbestimmtes Zahlwort davor steht, haben die Endung **-es** oder **-e**.

Unbestimmte Zahlwörter (viel, etwas, genug, manche, wenig, einige, mehrere ...) werden wie Adjektive dekliniert.

Unbestimmte Zahlwörter und **Indefinitpronomen** (unbestimmte Fürwörter wie alle, jeder, man, keiner, nichts) werden immer kleingeschrieben, auch wenn ein Artikel davor steht.

Zur Groß- und Kleinschreibung siehe auch Kapitel „Nomen" und Kapitel „Zahlwörter" im Band „Kompetent AUFSTEIGEN Deutsch 3 – Rechtschreiben"!

Ü 89

Achte auf die Groß- und Kleinschreibung der Adjektive und Zahlwörter!
Setze die Buchstaben in Klammer richtig ein!

1. Er wünschte mir alles ___iebe und ___ute zum Geburtstag. (L, G)
2. Kurt erwartete ein ___roßes Paket. (G)
3. Warum kommen die ___nderen nicht mit? (A)
4. Wir hatten alles ___erloren. (V)
5. Das ___este hatte er für den Schluss aufgehoben. (B)
6. Wir wollten ihm nichts ___öses antun. (B)
7. Er hatte selbst nicht ___iel zu tragen. (V)
8. Florian hatte etwas ___ssbares dabei. (E)
9. Das ___rüne auf dem Käse ist Schimmel. (G)
10. Er trägt ein ___osa Sakko. (R)
11. Endlich durften auch die ___eiden gehen. (B)
12. Auf dieser Insel gibt es wenig ___rünes. (G)
13. Die ___lte Kuh gibt nicht ___enug Milch. (A, G)
14. Er teilte das ___enige, das er hatte, mit ___llen ___nderen. (W, A, A)
15. Am ___esten ist, du gibst gleich ___lles zu. (B, A)

Schlusstest zu den Adjektiven

Ü 90 **Unterstreiche alle Adjektive und als Adjektiv verwendete Wörter (Partizipien)! Gib an, wie sie verwendet werden! (attributiv = at, adverbial = ad, prädikativ = pr)**

Was von der Kartoffel erzählt wird

Jedes kleine Kind kennt heute die Kartoffel, aber das war nicht immer so.
Vor langer, langer Zeit reiste ein Engländer nach Amerika und lernte dort diese nahrhafte Knolle kennen. Sie wurde von den Einwohnern Amerikas gern gegessen, und sie schmeckte ihnen auch sehr gut.
So dachte der Reisende, dass auch für seine Landsleute zu Hause diese schmackhafte „Erdfrucht" ein wichtiges Nahrungsmittel werden könnte.
Er schickte einige braune Knollen seinem besten Freund nach England und bat ihn herzlich, diese neuartige Frucht in seinem großen Garten anzubauen.
Der Beschenkte legte die kleinen Knollen in die schwarze Erde, und – siehe da – sie trieben grobe Stängel. Bald darauf zeigten sich dunkelgrüne Blätter und weiße, schöne Blüten. Aus diesen zarten Blumen entstanden kugelrunde, giftgrüne Perlen.
Der Engländer meinte, das seien die umjubelten Früchte, und ließ sie vorsichtig einsammeln. Er lud einige wichtige und angesehene Herrn Englands ein und ließ die neue Spezialität kochen und servieren. Das Gekochte schmeckte jedoch abscheulich, auch nachdem es mit süßem Honig und etwas Zimt bestreut worden war. Den hohen Herrn war vom Verzehr der vermeintlichen Kartoffeln schlecht geworden, und auch der Magen drückte sie heftig. Zornig ließ der Enttäuschte die Kartoffelstauden ausreißen und ins Feuer werfen.
Sein Gärtner war aber neugierig und zertrat eine gebratene Knolle, die noch an den Wurzeln der Staude hing. Sie duftete herrlich, und so kostete sie der Mann und fand sie sehr wohlschmeckend.
Er berichtete eilig seinem Herrn von dieser erstaunlichen Entdeckung, und dieser überzeugte sich selbst von dem Erfreulichen.
Von nun an wurden die „Erdknollen" berühmt. Bald pflanzten nicht nur reiche Leute die nahrhafte Knolle in ihrem Garten an, sondern auch arme ernteten die Erdäpfel auf ihren Feldern.
Heute ist die Kartoffel weltweit verbreitet und wird in zahllosen Variationen serviert.
Welche Kartoffelspeise schmeckt dir am besten?

Ü 91 **Markiere die nominal gebrauchten Adjektive und Partizipien und ihre Begleiter in der Geschichte „Was von der Kartoffel erzählt wird"! Diesen Text kannst du dir auch als Diktat ansagen lassen!**

Das Adverb

Adverbien (Umstandswörter) geben an, **wo, wann, wie, warum** etwas ist oder geschieht. Man kann Adverbien **nicht beugen**, das heißt, sie **ändern sich nicht**.

Im Unterschied zum **Adjektiv, das man steigern kann, verändert sich das Adverb nicht**. So kennst du beide auseinander.

Adjektiv (steigerbar):	schön	Sie trägt ein schönes Kleid. **Was für ein ...? Welches?** Attribut (gehört zum Nomen)
Adverb (nicht steigerbar):	gewiss	Sie trägt gewiss ein schönes Kleid. **Wie trägt sie ...?** Adverb (gehört zum Verb)
Adjektiv adverbiell gebraucht:		In ihrem Kleid fühlt sie sich schön. **Wie fühlt sie sich?** adverbiell gebraucht (gehört zum Verb)

Ü 92 **Gib an, ob es sich um ein Adjektiv oder ein Adverb handelt! Mache die Probe mit der Steigerung!**

schön		anfangs	
links		draußen	
oben		schnell	
brav		blindlings	
sehr		stark	

Adverbien geben die genaueren Umstände eines Geschehens an. Sie machen Angaben

- zum **Ort**. Du erfragst sie mit: **Wo? Woher? Wohin?**
- zur **Zeit**. Du erfragst sie mit: **Wann? Seit wann? Wie lange?**
- zur **Art und Weise**. Du erfragst sie mit: **Wie?**
- zur **Begründung**. Du erfragst sie mit: **Warum? Weshalb?**

Das Kleid liegt dort. **Wo?** ⟶ Umstandswort des **Ortes** (Lokaladverb)
Sie trägt morgen dieses Kleid. **Wann?** ⟶ Umstandswort der **Zeit** (Temporaladverb)
Sie trägt das Kleid gern. **Wie?** ⟶ Umstandswort der **Art und Weise** (Modaladverb)
Sie trägt das Kleid trotzdem. **Warum?** ⟶ Umstandswort des **Grundes** (Kausaladverb)

Häufig verwendete Umstandswörter

des Ortes (lokal):	da, hier, dort, oben, unten, rechts, links, überall, außen, herunter, hinauf, innen, nirgends, drinnen, außen, vorn, irgendwo ...
der Zeit (temporal):	jetzt, früh, spät, nie, heute, morgen, nun, gestern, damals, einst, lange, sofort, bisher, nachher, bald, mittags, nie, abends, stündlich ...
der Art und Weise (modal):	sehr, gern, so, fast, besonders, völlig, ziemlich, genauso, augenblicklich, ja, sicher, kaum, ganz, sicherlich, gewiss, unbedingt ...
des Grundes (kausal):	daher, darum, deshalb, folglich, also, damit, sonst, infolgedessen, auch, trotzdem, dadurch, daraus, deswegen, dazu ...

Ü 93

Setze alle angegebenen Adverbien sinnvoll in die Lücken ein!

hinaus – irgendwo – hier – oben – weg – nirgends

1. Wenn wir den Alarm hören, müssen wir sofort ______ .
2. Die Landschaft sah von ______ wie ein Spielzeugland aus.
3. Der Platz ist gut gelegen. Wir werden ______ übernachten.
4. Er ist schon ______ . Um fünf Uhr hat er das Büro verlassen.
5. Leonie hat sich ______ so wohlgefühlt wie bei dir.
6. ______ habe ich meine Brille liegen gelassen.

Ü 94

Unterstreiche in den Sätzen die Adverbien und ordne sie richtig in die Zeilen ein!

1. Das Flugzeug versuchte hier eine Notlandung.
2. Morgens trinke ich immer Tee.
3. Gern würde ich dich zum Essen einladen.
4. Anfangs hatte ich große Bedenken.
5. Deshalb wollte er dorthin nicht mitkommen.
6. Nun beeile dich!
7. Die Füllfeder habe ich hierher gelegt.
8. Die Nachhilfestunde findet früher statt.
9. Sie war ziemlich verärgert.
10. Bei diesem Wetter müssen wir drinnen spielen.
11. Er hat irgendwo sein Handy liegen gelassen.
12. Manchmal reißt mir die Geduld.
13. Neulich war ich mit ihr dort einkaufen.
14. Es ist nie zu spät, um mit dem Lernen zu beginnen.
15. Er fühlt sich sehr wohl.

Adverbien des Ortes: ______

Adverbien der Zeit: ______

Adverbien der Art und Weise: ______

Adverbien des Grundes: ______

Ü 95

Unterstreiche die Adverbien und schreibe das Fragewort dazu!
Benenne die Adverbien mit den lateinischen Fachausdrücken!

1. Nach der Schule gehe ich heute zum Reitunterricht. ______
2. Das hätte ich beinahe vergessen. ______
3. Ich würde sehr gerne für euch kochen. ______
4. Er muss diese Zahnspange immer tragen. ______
5. Sie korrigierte die Schularbeiten außerordentlich schnell. ______
6. Ich lief ziemlich schnell hinunter. ______
7. Früher mussten wir zu Fuß gehen. ______
8. Er isst das besonders gern. ______
9. Hier ist die letzte Tankstelle vor der Grenze.
   Darum sollten wir hier tanken. ______
10. Ob wir ihn jemals wiedersehen? ______

Ü 96

Sind die unterstrichenen Wörter attributiv oder adverbiell verwendet? Notiere das Fragewort!

1. Nach dieser Straße müssen wir links abbiegen. ______
2. Sie hat sich ein schnelles Auto gekauft. ______
3. Wir schlafen hier. ______
4. Von dort müsste er kommen. ______
5. Er möchte seinen neuen Pullover anziehen. ______
6. Diese Jacke habe ich neu gekauft. ______
7. Leider mussten wir gestern abreisen. ______
8. Walter besitzt einen großen Garten. ______
9. Das Klassentreffen findet jährlich statt. ______
10. Im neuen Jahr zieht er hier aus. ______

Adverbien – auf einen Blick

Adverbien	**Beispiele**
Lokaladverbien Wo? Woher? Wohin? (Umstandswörter des Ortes)	da, hier, dort, oben, unten, rechts, links, überall, außen, herunter, hinauf, nirgends, drinnen, vorn, irgendwo, innen ...
Temporaladverbien Wann? Wie lange? Seit wann? Bis wann? (Umstandswörter der Zeit)	jetzt, früh, spät, nie, heute, morgen, nun, nie, gestern, damals, einst, lange, sofort, bisher, nachher, bald, mittags, stündlich ...
Modaladverbien Wie? Auf welche Weise? Wie oft? Wie sehr? (Umstandswörter der Art und Weise)	sehr, gern, so, fast, oft, besonders, völlig, sicher, ziemlich, genauso, augenblicklich, kaum, ganz, sicherlich, gewiss, unbedingt ...
Kausaladverbien Warum? Weshalb? Wozu? Wodurch? (Umstandswörter des Grundes)	daher, darum, deshalb, folglich, also, damit, sonst, infolgedessen, auch, dazu, trotzdem, dennoch, deswegen ...

Schlusstest zum Adverb

Ü 97

Markiere alle Wörter, die Adverbien sind!

DA OBEN NASS ALLERDINGS OFT STUNDE ALSO
STÜNDLICH GERN SEHR BILLIG KURZ NACHTS
KÜRZLICH UNTEN UNTERHALTEN VERGEBLICH DESHALB

Ü 98

Eine schwierige Übung für Fortgeschrittene:
Gib an, ob es sich bei den unterstrichenen Wörtern um ein Adverb oder ein Adjektiv handelt!
Bestimme das Adverb näher (Lokal-, Temporal-, Modal-, Kausaladverb)!

1. Er musste folglich drei weitere Monate dort bleiben. **Kausal-, Lokaladverb/adv.**
2. Sie wusste daher ziemlich genau Bescheid. ____________
3. Er trug eine lange Hose. ____________
4. Am frühen Abend werden wir dort erscheinen. ____________
5. Außen war das Buch voll mit Tinte. ____________
6. Ich komme gleich dorthin. ____________
7. Er war kaum eingeschlafen, da läutete das Telefon. ____________
8. An so einem besonderen Tag möchte ich dich nicht stören. ____________
9. Zum jetzigen Zeitpunkt kann man gar nichts sagen. ____________
10. Wir verließen trotzdem unseren sicheren Platz. ____________

Ü 99

Unterstreiche in der Geschichte „Wer einmal lügt …“ alle Adverbien!
Ordne diese anschließend richtig in die Zeilen ein!

Wer einmal lügt …

Ein junger Hirte machte sich oft einen Spaß daraus, seine Nachbarn zu ängstigen.
Er saß täglich vor seiner Hütte und hütete dort seine Schafe. Bald wurde ihm langweilig und er schrie deshalb: „Helft mir! Ein Wolf greift an!“
Die Nachbarn eilten sofort herbei, um ihm zu helfen.
Er aber lachte nur über die umsonst Herbeigeeilten, denn es war kein Wolf zu sehen. Dieser „Scherz“ war ihm mehrmals gelungen. Deswegen ärgerten sich die Dorfbewohner sehr.
Bald fiel wirklich ein Wolf in seine Herde ein und der Junge schrie: „Zu Hilfe, zu Hilfe, meine Brüder! Ein Wolf reißt meine Schafe! Heute lüge ich nicht, glaubt mir!“
Seine Nachbarn hörten seine Notrufe von draußen, allerdings blieben sie in ihren Hütten drinnen. Niemand glaubte ihm noch und kurzerhand riss der Wolf einen sehr großen Teil seiner Herde.

(Frei erzählt nach einer Fabel von Äsop)

Adverbien des Ortes: ____________

Adverbien der Zeit: ____________

Adverbien der Art und Weise: ____________

Adverbien des Grundes: ____________

Kompetenz-Check

Das kann ich jetzt!

Kreuze an, was zutrifft! Falls du dich bei dem einen oder anderen Punkt noch nicht sicher fühlst, blättere nochmals zurück und wiederhole diesen Abschnitt!

	Ich kann ...	Falls ich noch unsicher bin, kann ich hier nachschlagen:
☐	... Adjektive erkennen und ihre Merkmale nennen.	S. 56
☐	... erkennen, ob starke oder schwache Beugung eines Adjektivs vorliegt.	S. 56
☐	... mithilfe von Nachsilben aus Nomen Adjektive bilden.	S. 56
☐	... Kleinschreibung von Adjektiven, die sich auf Nomen beziehen, erklären.	S. 57
☐	... Adjektive steigern und die Steigerungsstufen benennen.	S. 57
☐	... Adjektive in ihrem Gebrauch (attributiv, prädikativ oder adverbiell) unterscheiden.	S. 58, 59, 61
☐	... Partizipien wie Adjektive (attributiv) verwenden und erkennen.	S. 59, 61
☐	... die Groß- und Kleinschreibung von Adjektiven – je nach ihrer Verwendung – richtig anwenden.	S. 60, 61

	Ich kann ...	Falls ich noch unsicher bin, kann ich hier nachschlagen:
☐	... Adverbien (Umstandswörter) an ihren Merkmalen erkennen.	S. 62
☐	... Adverbien nach den Umständen (Ort, Zeit, Art und Weise, Grund) unterscheiden und erfragen.	S. 62, 65
☐	... die lateinischen Fachausdrücke für die verschiedenen Umstandsergänzungen nennen.	S. 63, 64
☐	... häufig verwendete Adverbien nennen und sie sinnvoll einsetzen.	S. 62, 63
☐	... Adverbien und Adjektive unterscheiden und weiß um ihre adverbielle bzw. attributive Verwendung.	S. 64, 65

Konjunktionen

Konjunktionen (Bindewörter) können **Wörter, Wortgruppen oder Sätze miteinander verbinden.** Sie drücken aus, welche Beziehung zwischen Wörtern, Wortgruppen und Sätzen besteht. Man unterscheidet zwischen **nebenordnenden** und **unterordnenden** Bindewörtern.

- **Nebenordnende** Konjunktionen verbinden **aneinandergereihte Hauptsätze**:
  und, auch, oder, aber, sondern, denn …
- **Unterordnende** Konjunktionen verbinden **einen Gliedsatz mit dem Hauptsatz**:
  weil, da, dass, als, obwohl, nachdem, seit, während …
- Vor einer Konjunktion setzt du **einen Beistrich**.

Ausnahme:
Vor **und** oder **oder** kommt **kein Beistrich**, wenn die beiden verbundenen Hauptsätze ein gemeinsames Subjekt haben.

Felix kam am Abend **und** blieb bis zum nächsten Morgen.
Wir gehen morgen ins Strandbad **oder** besuchen bei Schlechtwetter das Hallenbad.

Ausnahme:
Vor **und** oder **oder** kannst du **einen Beistrich** setzen, wenn die beiden verbundenen Hauptsätze jeweils ein eigenes Subjekt haben (= vollständige Hauptsätze sind).

Tanja fährt nach Schottland **(,) und** sie besucht dort einen Sprachkurs.
Carina schreibt ein SMS **(,) und** Rudi versendet eine MMS.

Ü 100

Verbinde die folgenden Sätze mit dem jeweils vorgegebenen Bindewort! Ergänze die Beistriche!

1. **und:** In den Sommerferien besuche ich einen Sprachkurs ________ mache mit meinen Eltern anschließend einen Campingurlaub.
2. **oder:** Mein Vater geht mit uns ins Kino ________ er fährt mit uns in den Prater.
3. **aber:** Erich kommt morgen nicht ________ dafür besucht er uns nächste Woche.
4. **während:** ________ ich telefonierte brannte der Kuchen im Backrohr an.
5. **weil:** Yusuf hat das Freifach „Kochen“ gewählt ________ er Koch werden möchte.
6. **als:** ________ wir gestern am Abend ankamen waren alle Parkplätze besetzt.
7. **obwohl:** Dorothea spielt sehr gut Geige ________ sie dieses Instrument erst seit zwei Jahren lernt.
8. **denn:** Wir fuhren früher als geplant nach Hause ________ Hans hatte sich das Bein gebrochen.
9. **während:** ________ wir mit dem Aufräumen beschäftigt waren kochte er für uns das Abendessen.
10. **und:** Petra geht morgen zum Friseur ________ lässt sich die Haare färben.

Ü 101

Unterstreiche die Konjunktion und gib an, ob sie unterordnend (HS + GS) oder nebenordnend (HS + HS) ist!
Erinnere dich an die Kennzeichen von HS und GS! Setze die Beistriche!

1. Sie freuten sich als er endlich kam.
2. Helena möchte Tierpflegerin werden oder sie möchte Tiermedizin studieren.
3. Anna gewann beim Redewettbewerb in Deutsch und sie bekam auch das beste Zeugnis in unserer Klasse.
4. Fred schreibt immer die gleichen Sätze denn ihm fällt nichts Neues ein.
5. Ich lerne Latein weil ich später Medizin studieren möchte.
6. Simon kauft sich ein neues Handy obwohl er schon eines hat.
7. Da Matthias jetzt neue Turnschuhe braucht bekommt er sie schon vor seinem Geburtstag.
8. Jörg fährt auf Schikurs mit oder er bleibt zu Hause und besucht die Schule.
9. Harald geht nach der dritten Stunde weg denn er muss zum Zahnarzt.
10. Unsere ausländischen Freunde bleiben eine Woche und wollen sich Wien anschauen.

das – dass

das = Artikel, Relativpronomen, Demonstrativpronomen
ERSATZWÖRTER: **dieses, dies, welches, es**

dass = Konjunktion (verbindet Sätze)
KEIN ERSATZWORT

Das Buch ist spannend. (Artikel)
Das ist ein spannendes Buch. (Demonstrativpronomen)
Ich lese ein Buch, **das** spannend ist. (Relativpronomen)

Ich hoffe, **dass** das Buch auch für dich spannend ist. (Konjunktion)

Ü 102

Gib an, welches „das/dass" grammatikalisch vorliegt!
Schreibe es in Klammer!

1. Ich bewundere dich, **dass** du **das** geschafft hast. **(Konjunktion, Demonstrativpronomen)**
2. **Das** gehört nicht hierher.
3. Gehört **das** Besteck in diese Lade?
4. **Das** Treffen der Klassensprecher, **das** vom Schulsprecher einberufen wurde, findet schon heute statt.
5. Hast du **das** Läuten nicht gehört?
6. **Das** Abschreiben der Vokabeln hilft mir, **dass** ich sie mir besser merke.
7. Ich finde **das** unerhört, **dass** sie sich das Seidentuch einfach mitnimmt!
8. Ich finde, **dass** ihr das Kleid, **das** sie gestern getragen hat, wirklich gut steht.
9. Meinst du **das** wirklich?
10. **Das** ist **das** älteste Badehaus der Stadt, **das** schon von den Römern besucht wurde.

Präpositionen

Mithilfe von Präpositionen (Verhältniswörter) **fügst** du **Satzglieder und Satzgliedteile aneinander**.
Präpositionen sagen etwas darüber aus, in welchem Verhältnis die Dinge und Personen zueinander stehen.
Präpositionen **stehen immer vor Nomen oder Pronomen** und **verlangen einen bestimmten Fall.**

Häufig vorkommende Präpositionen, die

- den **3. Fall** verlangen: aus, außer, bei, mit, nach, von, seit, zu
- den **4. Fall** verlangen: durch, für, gegen, ohne, um
- den **3. oder 4. Fall** verlangen: an, auf, hinter, in, neben, über, unter, vor, zwischen
  FRAGE: **Wo?** ⟶ **3. Fall**
  FRAGE: **Wohin?** ⟶ **4. Fall**
- den **2. Fall** verlangen: anstelle, außerhalb, bezüglich, diesseits, infolge, innerhalb, jenseits, oberhalb, seitens, statt, trotz, während, wegen ...

Ü 103 **Markiere die Präposition und bestimme den Fall, den sie verlangt!**

1. Ich denke an dich.
2. Der Bettler bittet um etwas Essbares.
3. Die Tochter sorgt sich um den alten Vater.
4. Sie sorgen für den kleinen Waisenknaben.
5. Der kleine Daniel fürchtet sich vor dem Donner.
6. Sie geht mit dem Hund spazieren.
7. Diese Tücher riechen nach etwas Modrigem.
8. Sie lehnt sich gegen den Türstock.
9. Drago bäckt eine Torte anstelle eines Strudels.
10. Der Tourist fragt uns nach dem schnellsten Weg zum Bahnhof.

Eine **Präposition** wird oft **mit einem Artikel zusammengezogen**.
Beispiele: zu dem = **zum**, an dem = **am**, in dem = **im**, bei dem = **beim**, von dem = **vom** ...

Diese Komposita (Zusammensetzungen) müssen besonders bei der Großschreibung beachtet werden.
zum **S**chreiben = **zu dem S**chreiben
beim **L**aufen = **bei dem L**aufen
im **S**itzen = **in dem S**itzen

Ü 104 **Unterstreiche die Komposita (Präposition und Artikel) und achte auf die mögliche Großschreibung! Setze die Wörter, die in Blockbuchstaben geschrieben sind, in Schreibschrift ein!**

1. Peter hat sich beim LANGLAUFEN ____________ den Arm gebrochen.
2. Sie erledigt diese Arbeit im SITZEN ____________ .
3. Beim LIEGEN ____________ spüre ich keinen Schmerz.
4. Sie laufen im NASSEN ____________ .
5. Vom VIELEN SCHREIBEN ____________ schmerzt mich die Hand.
6. Zum SCHNELLEREN ARBEITEN ____________ benötigt sie einen neuen Computer.
7. Werner isst immer im STEHEN ____________ .
8. Ich fahre zum BILLIGSTEN ____________ Supermarkt.
9. Athina verkauft das Moped zum NIEDRIGSTEN ____________ Listenpreis.
10. Vom VIELEN GIESSEN ____________ sind die Blätter ganz gelb.

Kompetenz-Check

Das kann ich jetzt!

Kreuze an, was zutrifft! Falls du dich bei dem einen oder anderen Punkt noch nicht sicher fühlst, blättere nochmals zurück und wiederhole diesen Abschnitt!

	Ich kann ...	**Falls ich noch unsicher bin, kann ich hier nachschlagen:**
☐	... nebenordnende und unterordnende Konjunktionen (Bindewörter) unterscheiden und richtig verwenden.	S. 67, 68
☐	... Beistriche vor *und* und *oder* richtig setzen.	S. 67
☐	... die Konjunktion *dass* von *das* (Artikel, Relativpronomen, Demonstrativpronomen) grammatikalisch unterscheiden.	S. 68, 71, 72

	Ich kann ...	**Falls ich noch unsicher bin, kann ich hier nachschlagen:**
☐	... Präpositionen (Vorwörter/Verhältniswörter) erkennen und ihren verlangten Fall erfragen.	S. 69
☐	... Komposita (Zusammensetzungen von Präposition + Artikel) erkennen und bei der Großschreibung beachten.	S. 69

Großer Schlusstest zu den Wortarten

Ü 105 **Ordne die Wörter aus dem Wortkasten in Schreibschrift richtig in die Spalten!**

VORHER AUS INDEM OB DAHER SCHNELL ZWISCHEN
FAHRT ABER OBEN HIER SONDERN ABSONDERN WEIL
GRUBE GRUB DRINNEN DASS VORNE VOR KLEIN SO
RANNTE FÜHRT FÜR FÜHRE ZEUG ZEUGEN JUNG
SEHR FIEL VON UND UNTER UNSINN GUT GÜTE
IMMER GAST GING GEKOMMEN KUNDE KÜHN NACH
NACHDEM BEIM ALS BESSER DORT AUF PLATT ODER
IST SAUBER SEIT SEID SEIDE WUNDERBAR ALT GEGEN
UNTER BAND HELL HÖHER HOCH VIEL BORGEN ANSTATT

Nomen	
Verb	
Adjektiv	
Adverb	
Präposition	
Konjunktion	

Ü 106

Setze „das" oder „dass" ein!
Schreibe in die Randspalte, welches das/dass grammatikalisch vorliegt!
(Demonstrativpronomen = DP, Relativpronomen = RP, Artikel = A, Konjunktion = K)

________ ich meine letzten Osterferien in London verbringen musste, war die Idee meiner Mutter. Sie hatte mich für einen Englischsprachkurs angemeldet, da ________ Halbjahrszeugnis eine für sie besorgniserregende Note aufwies.

Vormittags sollte ich in Englisch unterrichtet werden und ________ sehenswerte London kennenlernen und den späten Nachmittag und den Abend bei einer Gastfamilie verbringen.

Und so war ________ dann auch!

Ich hatte ________ Schlimmste erwartet, aber es war eigentlich sehr lustig, und meine Englischkenntnisse verbesserte ich auch.

________ Lernen am Vormittag war nicht allzu anstrengend, und mit unserem Englischlehrer, Mr. Folk, hatten wir auch viel Spaß.

Seinen Unterricht begann er so, ________ er uns einen Witz erzählte. Sein englischer Humor war nicht ________, was wir so richtig witzig fanden, daher fiel ________ Lachen oft aus. Aber als er dann komische Grimassen schnitt und uns nachmachte, fanden wir ________ sehr witzig und brüllten los vor Lachen.

________ Leben in meiner Gastfamilie war für mich sehr angenehm. Ich wurde von der Familie des Pastors, ________ ist ein englischer Pfarrer, sehr freundlich aufgenommen. Mr. und Mrs. Bright, ihre beiden Kinder, Charly und Debbie, und Grandma waren ausgesprochen liebenswürdig, so ________ ich kaum Heimweh hatte.

Besonders Grandma schloss mich sofort ins Herz und zeigte mir ________ auch. Schon am ersten Nachmittag klopfte sie an meine Zimmertür und fragte, ob ich etwas bräuchte. Sie brachte mir später ein Tablett, auf ________ sie eine große Tasse Tee mit Milch und einen Teller mit Keksen gestellt hatte.

Ich bedankte mich für ______ Servierte und wollte meine Ansichtskarten weiterschreiben. Sie blieb aber im Zimmer und wollte, ______ ich den Tee sofort koste. „ ______ ist sehr gesund für junge Leute und viel besser als Cola oder Kaffee“, meinte sie. Sie versicherte mir stolz, ______ dieser Tee nach einem traditionellen Rezept zubereitet sei, ______ in ihrer Familie seit Generationen weitergegeben werde.

Ich kostete und schmeckte sofort, ______ ______ Getränk nicht meine Geschmacksrichtung getroffen hatte, und bedauerte die Generationen von Jugendlichen, die ______ schon trinken mussten.

„It tastes very well! Thank you!“, schwärmte ich, denn ich wollte diese freundliche Frau und ihre englischen Vorfahren nicht beleidigen.

Oma hatte sich endlich verabschiedet, und ich nutzte ______ sofort aus und schüttete den übrigen Tee in eine Vase, die auf einem Wandregal stand.

Jeden Tag brachte sie mir um fünf Kekse und Tee, weil mir ______ ja so gut schmeckte. Ich war, ehrlich gesagt, zu feige, um ihr die Wahrheit zu sagen.

Wie konnte ich auch damit rechnen, ______ sie ______ freundliche Lob über ihren Tee so ernst nahm.

Ich benetzte meine Lippen mit Tee, lächelte sie dankend an und schüttete nach ihrem Verschwinden ______ Übrige der Tasse in die Vase.

Leider war ______ Gefäß am dritten Tag voll, und so musste ______ kleine Porzellandöschen vom Nachttisch gefüllt werden. Nach einer Woche hatte ich alle möglichen Gefäße gefüllt, und der Tee mit Milch machte sich auch schon durch seinen Geruch bemerkbar. ______ störte mich weiter nicht, denn ich sollte am nächsten Tag abreisen.

Wie erstaunt würden sie sein, wenn sie ______ Geheimnis der Gefäße entdeckten. Ich wollte mir ______ lieber nicht ausmalen.

Ein paar Wochen später, ich glaube, ______ es zu Pfingsten war, erhielten wir von Charly und Debbie einen Brief.

Sie bedankten sich für das Paket mit Mozartkugeln und Sachertorte, ______ ihnen meine Mutter als Dankeschön geschickt hatte. Sie schrieben: „Thank you! It tastes very well!“ – Ich hoffe nur, ______ sie ______ wirklich ehrlich meinten und nicht, wie ich, aus falsch gemeinter Höflichkeit nur so sagten. Denn sonst werden auch sie sich beim nächsten Paket überlegen müssen, wo sie die traditionellen Spezialitäten entsorgen wollen.

Ü 107 **Noch einmal soll die Superhenne Hanna zu Wort kommen. Sie hat es mithilfe ihres Bauern, seiner Kinder und des Fuchses Bartl geschafft, die armen Hühner aus ihrem „Hühnergefängnis“ zu befreien. Nun will sie die Hennen an einen geheimen Ort führen. Bestimme die Wortarten! Schreibe über jedes Wort, welcher Wortart es angehört!**

Folgende Abkürzungen werden im Lösungsteil verwendet:
RP = Relativpronomen, PP = Personalpronomen, DP = Demonstrativpronomen, ReP = Reflexivpronomen, IP = Indefinitpronomen, PoP = Possessivpronomen, Ad = Adverb, Adj = Adjektiv, A = Artikel, unb. A = unbestimmter Artikel, K = Konjunktion, Präp. = Präposition, Präp.* = Kompositum aus Präposition + Artikel, N = Negation

„Wir brechen jetzt auf“, sagte ich zum Bauern. „Vielen, vielen Dank für deine Hilfe. Und euch, Sebastian und Theresa, danke ich auch von Herzen!“ Der Bauer und die Kinder wünschten mir viel Glück und machten sich auf den Heimweg. Die Hühner standen um mich herum und sahen mich erwartungsvoll an. „Liebe Schwestern“, sagte ich, „wir müssen nun sehr weit gehen. Ich weiß, dass ihr das Gehen nicht[N] gewohnt seid und dass es[PP] für euch nicht[N] leicht sein wird. Aber ihr müsst durchhalten. Ihr müsst durchhalten, sonst war alles umsonst!“ Die Hühner nickten eifrig und konnten es[PP] kaum erwarten loszugehen. Ich ließ sie eine Dreierreihe bilden und schärfte ihnen ein möglichst wenig zu gackern und auf dem Weg keinen Kot zu hinterlassen, weil man uns sonst schnell finden würde. (...)

Nun setzte ich mich an die Spitze des Zuges und wir marschierten los. Zuerst gingen wir ein Stück durch den Wald, dann erreichten wir den Schotterweg, der ins Gebirge führte. (...) Zwischendurch flog ich immer wieder die (...) einen Kilometer lange Kolonne zurück, schaute, ob alles in Ordnung war, und sprach meinen Schwestern Mut zu. Es[PP] fiel mir auf, dass sie nun viel weniger stotterten als im Gefängnis. Anscheinend hatten sie mit der Freiheit auch eine fast normale Sprache erlangt. Ich freute mich sehr (...).

(Aus: Felix Mitterer: Superhenne Hanna.15., neu überarbeitete Auflage. Wien G&G 2003. S. 99f)

Ü 108

Eine Frage – drei Antworten: Aber nur eine Antwort ist richtig!
Kreuze die richtige Antwort an!

1. **Haben, sein, werden** sind
   ☐ Modalverben. ☐ Hilfsverben. ☐ Vollverben.
2. Der Gehsteig wird vom Schneeräumdienst gesäubert.
   Dieser Satz steht im ☐ Aktiv. ☐ Vorgangspassiv. ☐ Zustandspassiv.
3. **Dieser, diese, dieses** sind
   ☐ Personalpronomen. ☐ Possessivpronomen. ☐ Demonstrativpronomen.
4. Eine Verbform ohne Personalendung bezeichnet man als
   ☐ infinite Form. ☐ finite Form. ☐ imperative Form.
5. Artikel sind ... des Nomens.
   ☐ Begleiter. ☐ Vorwörter. ☐ Vertreter.
6. Das Geschlecht eines Nomens wird angezeigt durch
   ☐ die Endung. ☐ den Artikel. ☐ das Verb.

7. Schwache Beugung eines Nomens erkennst du
   ☐ an der Endung des 2. Falles. ☐ am Plural. ☐ am Artikel.
8. **Und, auch, oder, aber, sondern, denn** sind
   ☐ nebenordnende Konjunktionen. ☐ unterordnende Konjunktionen. ☐ Adverbien.
9. **Man, niemand, jeder, alle, beide, etwas** sind
   ☐ Indefinitpronomen. ☐ Reflexivpronomen. ☐ Relativpronomen.
10. Als Ersatzwort für den Dativ kannst du ... nehmen.
   ☐ mein ☐ mich ☐ mir

Ü 109

Wie gut kennst du dich in der Wortlehre aus? Kreuze an, ob die Sätze richtig oder falsch sind! Stelle anschließend die zehn falschen Sätze richtig!

	richtig	falsch
1. Die Wörter **mögen, wollen, müssen** sind **Modalverben**.		
2. Ein Adjektiv kann adverbiell, attributiv oder prädikativ gebraucht sein.		
3. Die **finite Form** des Verbs ist die unbestimmte Form des Zeitworts.		
4. **Meinen, scheinen, pflegen** sind **Hilfsverben**.		
5. Der **Konjunktiv** ist die **Wirklichkeitsform**.		
6. **Reflexivpronomen** nennt man auch **rückbezügliche Fürwörter**.		
7. Die Wörter **und** und **oder** sind **nebenordnende Konjunktionen**.		
8. Der **Konjunktiv I** wird mit dem **Infinitiv** gebildet.		
9. Der **Imperativ** ist die **Möglichkeitsform**.		
10. Es gibt **stark, schwach** und **gemischt gebeugte Verben**.		
11. Die **Beugung des Nomens** nennt man **Konjugation**.		
12. Das **Adverb** nennt man auch **Eigenschaftswort**.		
13. Der **Konjunktiv II** wird mit dem **Präteritum** gebildet.		
14. **Unterordnende Konjunktionen** können **Hauptsätze** verbinden.		
15. In der **indirekten Rede** verwendest du den **Konjunktiv I**.		
16. Das **Vorgangspassiv** wird mit **sein + 2. Partizip** gebildet.		
17. Die **Abwandlung des Verbs** nennt man **Deklination**.		
18. Der **Infinitiv** wird auch **Nennform** genannt.		
19. Das **Partizip Präsens** (z. B. laufend) wird auch **2. Partizip** genannt.		
20. **Indefinitpronomen** sind **unbestimmte Fürwörter**.		

Richtigstellung:

___

___

___

___

___

___

___

___

___

___

Ü 110

Vervollständige die Sätze!
Du kannst die angeführten Wörter zu Hilfe nehmen und sie passend in den Lückentext einsetzen!

Demonstrativpronomen, Relativpronomen – vor, statt – kein – indirekte, Unmögliches – klein – gesteigert – Nomen – einteilige, Vollverb – zweiteilige, Hilfsverb, Vollverb – mir, mich – Vertreter – nebenordnende, unterordnende – Zeit, Grund, Ort, Art und Weise – vor

1. Perfekt, Plusquamperfekt, Futur I und Futur II sind ______ Zeitformen. Zur Bildung benötigst du ein ______ und ein ______.
2. Konjunktiv I verwendest du für die ______ Rede, Konjunktiv II, um scheinbar ______ auszudrücken.
3. Unbestimmte Zahlwörter schreibst du immer ______, auch wenn ein Artikel davor steht.
4. Das Personalpronomen ist ein ______ für ein Nomen.
5. Das Possessivpronomen steht ______ einem Nomen oder ______ eines Nomens.
6. Adverbien machen nähere Angaben zu ______.
7. Ein Relativpronomen bezieht sich meist auf ein ______ des übergeordneten Satzes.
8. Man unterscheidet zwei Arten von Bindewörtern: ______ und ______.
9. Präsens und Präteritum sind ______ Zeitformen. Sie werden mit einem ______ gebildet.
10. Ein Adjektiv erkennst du daran, dass es ______ werden kann.
11. Präpositionen stehen ______ Nomen oder Pronomen.
12. Für die Konjunktion „dass" kannst du ______ Ersatzwort einsetzen.
13. Das Wörtchen „das" kann ein Artikel, ein ______ oder ein ______ sein.
14. Als Probe für den 3. Fall kannst du ______ einsetzen, für den 4. Fall ______.

Ü 111

Lateinische und deutsche Bezeichnungen sind gefragt! Ergänze die Tabelle!

lateinische Bezeichnung	deutsche Bezeichnung
Indikativ	
Präsens	
	Mitvergangenheit
	Vorvergangenheit
Perfekt	
Partizip	
	Zeitwort
Dativ	
Konjunktiv	

lateinische Bezeichnung	deutsche Bezeichnung
	Zukunft
Hilfsverb	
Adverb	
Infinitiv	
	Eigenschaftswort
Genitiv	
Nominativ	
	Befehlsform
Numerale	
Possessivpronomen	
Relativpronomen	
	persönliches Fürwort
Demonstrativpronomen	
	unbestimmtes Fürwort
	Bindewort
	Vorwort
	rückbezügliches Fürwort
Nomen	
Akkusativ	

Kompetenz-Check

Das kann ich jetzt!

Kreuze an, was zutrifft! Falls du dich bei dem einen oder anderen Punkt noch nicht sicher fühlst, blättere nochmals zurück und wiederhole diesen Abschnitt!

	Ich kann ...	Falls ich noch unsicher bin, kann ich hier nachschlagen:
☐	... die Wortarten (Nomen, Verb, Adjektiv, Adverb, Pronomen, Präposition, Konjunktion) unterscheiden und Beispiele richtig zuordnen.	S. 70, 71
☐	... die Wortarten bestimmen.	S. 72, 73
☐	... Aussagen über die Wortarten als richtig oder falsch erkennen.	S. 73, 74, 75
☐	... lateinische und deutsche Bezeichnungen in der Wortlehre richtig verwenden.	S. 76

Satzlehre

In den folgenden Kapiteln wird dein Wissen über die Satzlehre überprüft, verbessert und erweitert. Das von dir in der 1. und 2. Klasse Gelernte wird wiederholt, mit Übungen vertieft und mit Neuem ergänzt.
Das Wichtigste aus jedem Kapitel wird wieder in **übersichtlichen und leicht verständlichen Zusammenfassungen** dargestellt, sodass du **auf einen Blick** jederzeit Fragen schnell klären, Vergessenes auf einfache Weise wiederholen und dir Neues rasch einprägen kannst.

Satzglieder

Du kannst mit der **Verschiebeprobe** feststellen, welche Wörter im Satz ein Satzglied bilden (= zusammengehören).
Das **Prädikat** steht im Aussagesatz immer an **2. Satzgliedstelle**.

Bogdan	geht	nach der Schule	zu seinem Freund. (= 4 Satzglieder)
Bogdan	geht	zu seinem Freund	nach der Schule.
Nach der Schule	geht	Bogdan	zu seinem Freund.
Zu seinem Freund	geht	Bogdan	nach der Schule.

Prädikat und Subjekt

Das **Prädikat** (Satzaussage) wird von einem **Verb** (Zeitwort) gebildet.
Du fragst nach dem Prädikat mit **„Was wird ausgesagt?"**.

Bei mehrteiligen Prädikaten steht die **Personalform an 2. Satzgliedstelle** und das **aussagende Verb am Satzende**. Beide zusammen bilden ein Satzglied.
Ihre Verbindung nennt man **Verbklammer**.

Prädikate können mehrteilig sein, wenn:
- das **Verb einen Zusatz hat** (z. B. auf-legen, zu-schauen, um-werfen)
- eine **mehrteilige Zeitform** (Perfekt, Plusquamperfekt, Futur) vorliegt (= Hilfsverb + aussagendes Verb)
- ein **Modalverb + Verb** verwendet wird (... wollen spielen, ... sollen lernen)

Sandra [legt] eine CD [ein]. (Verb + Zusatz) (= 3 Satzglieder)
Verbklammer

Die Gewinner [werden] von allen [gefeiert]. (Hilfsverb + Verb) (= 3 Satzglieder)
Verbklammer

Die Schüler [wollen] im Schulhof [spielen]. (Modalverb + Verb) (= 3 Satzglieder)
Verbklammer

Ü 112

Führe bei folgendem Satz die Verschiebeprobe durch!

Bogdan	ist	nach der Schule	zu seinem Freund	gegangen.

Ü 113

Unterstreiche in den Sätzen jeweils das Prädikat und gib bei mehrteiligen Prädikaten an, wie sie sich zusammensetzen!

1. Hinter dem Kinderspielplatz befindet sich eine kleine Wiese.
2. Dort haben wir einander öfters getroffen.
3. Max, Jan, Lejla und ich spielen auf dieser Wiese Fußball.
4. Letztens schauten uns vier türkisch sprechende Buben zu.
5. Wir verstanden sofort ihre Absicht.
6. Sie wollten gegen uns spielen.
7. Seit ein paar Wochen treffen wir einander auf unserer Fußballwiese.
8. Es macht allen großen Spaß.
9. Fußball ist wirklich eine „internationale Sprache".

Das **Subjekt** (Satzgegenstand) wird von einem **Nomen** (Namenwort) oder **Pronomen** (Fürwort) gebildet. Das Subjekt sagt dir, **wer etwas tut**.
Du fragst nach dem Subjekt mit **„Wer oder was?"**.
Das Subjekt steht immer im Nominativ (**1. Fall**).

S Wer oder was?

Deniz geht nach der Schule zu seinem Freund.

Ü 114

Markiere jeweils das Subjekt!

1. Demnächst wird der neue Sportplatz eröffnet.
2. Auf diesem großen Gelände wird es auch einen Baseballplatz geben.
3. Mein Bruder und ich möchten dort gerne spielen.
4. Wir interessieren uns für dieses Ballspiel seit unserem Amerikaaufenthalt.
5. Im Internet habe ich die komplizierten Regeln nachgelesen.
6. Die notwendige Ausrüstung haben uns unsere Eltern aus Amerika mitgebracht.
7. Vielleicht begeistern sich auch andere für diese Sportart.
8. Ich kann das erste Training kaum erwarten.

Ü 115

Markiere die Subjekte in Übung 113 und gib an, wie viele Satzglieder die einzelnen Sätze haben!

Ü 116

Unterstreiche die Prädikate in Übung 114 und gib an, wie viele Satzglieder die einzelnen Sätze haben!

Objekte

Satzglieder, die **zum Prädikatsteil gehören**, heißen **Objekte** (Ergänzungen).
Sie nennen **am Geschehen beteiligte Personen und betroffene Dinge** oder führen **nähere Umstände des Geschehens** an.

Wir unterscheiden:
- **Objekte** (Reine Fallergänzungen)
- **Adverbiale Bestimmungen** (Umstandsergänzungen)
- **Präpositionalobjekte** (Vorwortergänzungen)

Reine Fallergänzungen

Fall	Fragewort	Beispiel
1. Fall (Nominativ)	Wer oder was?	**Wir** wählen eine Klassensprecherin.
2. Fall (Genitiv)	Wessen?	Einer hat sich **der Stimme** enthalten.
3. Fall (Dativ)	Wem?	Ich gebe meine Stimme **der besten Rednerin**.
4. Fall (Akkusativ)	Wen oder was?	Alle haben **die Stimmzettel** abgeben.

Akkusativobjekte bezeichnen oft Gegenstände, **Dativobjekte** meist Lebewesen.

Genitivobjekte werden sehr selten verwendet.
Meist wird ein Präpositionalobjekt (Vorwortergänzung) verwendet.

O2
Sie erinnerte sich des längst vergangenen Ereignisses.

PO
Sie erinnerte sich an das längst vergangene Ereignis.

Ü 117

Bestimme das Subjekt und die reinen Fallergänzungen!
Unterstreiche sie und schreibe die Fragen dazu! Achtung: Es gibt auch Vorwortergänzungen!

1. Zu Schulbeginn haben wir drei neue Schülerinnen in unsere Klasse bekommen.
2. Unser Klassenvorstand setzte mich neben eine neue Schülerin.
3. Ich sollte mich ihrer annehmen.
4. Anfangs war ich von dieser Idee gar nicht begeistert.
5. Lieber wollte ich neben meiner Nachbarin aus dem Vorjahr sitzen.
6. Die Neue trägt verrückte Kleidung und hat kurze rote Haare.
7. Sie ist aber sehr nett und auch schlau.
8. Gestern erklärte sie mir eine schwierige Rechenaufgabe und rühmte sich nicht ihres Wissens.
9. Morgen wollen wir gemeinsam Englischvokabeln lernen.
10. Wir reden oft über Mode und Musik, und sie hat einen guten Geschmack.
11. Wir entdecken viele gemeinsame Interessen.
12. Vielleicht kann sie mich auch gut leiden, und wir werden gute Freundinnen.

Erinnere dich:
Wichtig ist die **Unterscheidung zwischen Dativ und Akkusativ**.
Du kannst **Ersatzwörter** zu Hilfe nehmen:
mir ⟶ **3. Fall** (Wem?)
mich ⟶ **4. Fall** (Wen oder was?)

Ü 118

Setze die richtige Fallendung für Dativ oder Akkusativ ein!
Verwende, wenn nötig, das Ersatzwort zur Probe!

1. Ich habe von meine___ Freund eine___ kleine___ Begleiter aus Plüsch geschenkt bekommen.
2. Robbi, so heißt das Plüschtier, hängt an meine___ Rucksack.
3. Ich nehme de___ kleine___ Glücksbringer überallhin mit.
4. Wenn wir eine___ Test schreiben, sitzt Robbi auf meine___ Federpennal.
5. Wenn ich eine___ Zahnarzttermin habe, wartet Robbi in meine___ Hosensack.
6. Seit ich de___ kleine___ Begleiter habe, läuft alles wunderbar.
7. Letztens dachte ich schon, ich hätte ih___ verloren.
8. Den ganzen Tag war ich in Sorge um meine___ Liebling.
9. Gott sei Dank habe ich ih___ am Abend unter de___ Kopfpolster entdeckt.
10. Beim Abendessen durfte er vor meine___ Teller sitzen.
11. Meine Mutter erklärte mi___, dass ich maßlos übertreibe.
12. Ich frage mi___, was denn daran übertrieben sein soll.

Gleichsetzungsglied im Nominativ und im Akkusativ

Die Verben **sein** und **werden** können eine Ergänzung im 1. Fall verlangen.
Dieses Objekt steht dann **wie das Subjekt** im 1. Fall. Du fragst mit **„Wer oder was?“**.
Diese Ergänzung nennt man **Gleichsetzungsglied im Nominativ**.

S — O1 Wer oder was?
Das Lachen ist die beste Medizin.

S — O1 Wer oder was?
Sophie und Laura waren die besten Freundinnen.

S — O1 Wer oder was?
Gregor wird Sportlehrer.

Die Position ist auch vertauschbar, aber das ist oft inhaltlich nicht sinnvoll.

S — O1
Die beste Medizin ist Lachen. ⟵ Lachen ist die beste Medizin.

S — O1
Spielzeug ist kein Werkzeug. ⟵ Werkzeug ist kein Spielzeug.

Ü 119

Unterstreiche das Gleichsetzungsglied im Nominativ in den folgenden Sätzen!

1. Gerhards Vater war Fernfahrer.
2. Hatice wird Volksschullehrerin.
3. Stan Laurel und Oliver Hardy sind berühmte Komiker gewesen.
4. Das ist doch eine Frechheit.
5. Diese Raupen sind eine Plage im Garten.
6. Die Wikinger waren gefürchtete Seefahrer.
7. Was ist ein Elfmeter?
8. Sind alle Teilnehmer dieses Kurses Schüler?
9. Er war der schnellste Läufer.
10. Sie ist unsere neue Religionslehrerin.

Es gibt Verben (z. B. nennen, heißen, schimpfen), die eine **Gleichsetzung von zwei Ergänzungen im 4. Fall** bewirken. Du fragst mit **„Wen oder was?"**.
Die zweite Ergänzung nennt man **Gleichsetzungsglied im Akkusativ**.

O4 O4
Sie nennt ihre Schwester eine Lügnerin. (Schwester = Lügnerin)
↓
Gleichsetzungsglied im Akkusativ

Ü 120

Unterstreiche das Gleichsetzungsglied im Akkusativ in den folgenden Sätzen!

1. Ernst schimpft ihn einen Dummkopf.
2. Er schimpft Ernst wiederum einen Esel.
3. Sie nennt ihren Freund einen Romantiker.
4. Man nennt das in der Fachsprache „Mobbing".
5. Der König hat ihn einen Aufschneider geheißen.

Adverbiale Bestimmungen

Adverbiale Bestimmungen (Umstandsergänzungen) geben **Ort, Zeit, Grund** und **Art und Weise** eines Geschehens genauer an.
Wir unterscheiden:

- **Ortsergänzung/OE** (lokal): Wo? Woher? Wohin? Wie weit?
  Georg geht in die Nachmittagsbetreuung. **Wohin?**
- **Zeitergänzung/ZE** (temporal): Wann? Wie lange? Wie oft? Seit wann? Bis wann?
  Er bleibt dort bis zum späten Nachmittag. **Wie lange? Bis wann?**
- **Begründungsergänzung/BE** (kausal): Warum? Weshalb? Wieso? Weswegen?
  Georg muss dort wegen seiner Lernprobleme üben.
  Warum? Weswegen?
- **Artergänzung/AE** (modal): Wie? In welcher Art?
  Er geht gerne dorthin. **Wie?**

Ü 121 Ordne die Umstandsergänzungen in die Zeilen ein!

in der Früh – wegen der schlechten Sicht – gewissenhaft – drei Stunden lang – nach Osten – wie ein Elefant – eines Tages – im Turnsaal – ohne Durchlesen – um deinetwillen – nach der fünften Stunde – hinter der Scheune – um acht – im Schnee – sehr schnell – gerade noch rechtzeitig – aus Verzweiflung – wegen der Geschenke – nach Wagrain – vor Zorn – genau

ZE (Wann? Wie lange?): ______________________________

____

AE (Wie?): ______________________________

____

OE (Wo? Wohin?): ______________________________

____

BE (Warum?): ______________________________

____

Ü 122 Unterstreiche die Umstandsergänzungen und gib an, um welche es sich handelt! Schreibe das Fragewort darüber! Achtung: In den Sätzen finden sich auch reine Fallergänzungen und Vorwortergänzungen!

1. Am Montag werden einige aus unserer Klasse eine gesunde Jause herrichten.
2. In der Pausenhalle werden Tische für dieses schmackhafte Buffet aufgestellt.
3. Dort werden Obst, Gemüse, Milchprodukte, Fruchtsäfte und frisches Vollkorngebäck angeboten.
4. Wir wollen die Schülerinnen und Schüler gewissenhaft über gesunde Ernährung informieren.
5. Wegen der schlechten Ernährung leiden viele Jugendliche an Über- oder Untergewicht.
6. Auch die Konzentrationsfähigkeit und die Merkfähigkeit werden maßgeblich durch die Ernährung beeinflusst.
7. Um zehn Uhr treffen wir uns in der Schulküche, denn in der großen Pause muss alles sorgfältig hergerichtet sein.
8. Unsere Turnlehrerin und unsere Biologielehrerin helfen uns bei dieser Aktion.
9. Gerade noch rechtzeitig sind die Informationsfolder fertig geworden.
10. Wir hoffen, dass wir an diesem Tag viele Schüler mit unserer Botschaft erreichen können.

Präpositionalobjekte

Präpositionalobjekte (Vorwortergänzungen) sind Objekte im 2., 3. oder 4. Fall, denen **eine Präposition** (Vorwort) **vorausgeht**. Die **Präposition** ist **mit dem Verb fest verbunden** und dient dazu, ein Nomen anzuschließen.
Zum Fragewort nach dieser Ergänzung **tritt die Präposition hinzu**.

Verb Präp. Nomen
Ich denke **an** die nächsten Ferien (Ersatz: dar**an**).
Wor**an**? Präpositionalobjekt (**PO**) im 4. Fall: Ich denke **an** wen oder was?

Von dem schnellen Laufen (Ersatz: da**von**) hatte er Seitenstechen.
Wo**von**? PO im 3. Fall: **Von** wem hatte er Seitenstechen?

Jede Präposition fordert **einen bestimmten Fall**.
Du kannst bei dem PO eine Ersatzprobe (z. B. dar**an**, dar**in**, dar**über** ...) machen.

Präpositionalobjekte (PO) können sehr leicht mit **Adverbialbestimmungen** (Umstandsergänzungen) verwechselt werden.
Achte auf das Fragewort! Bei einem PO findet sich **im Fragewort die Präposition** wieder.

OE Wo?
Ich sitze **in** der zweiten Bankreihe.
↓
adverbiale Bestimmung

PO Wor**in**?
Er ist gut **in** Kopfrechnen.
↓
Präpositionalobjekt im 3. Fall
Ersatzprobe: Er ist gut darin.

Ü 123 **Unterstreiche das Präpositionalobjekt, schreibe das Fragewort in die Zeile darunter und bestimme den Fall! Mache auch die Ersatzprobe!**

1. Florian freut sich **über** den Einser.
   Wor**über**? PO im 4. Fall: Florian freut sich **über** wen oder was? Ersatzprobe: dar**über**
2. Ob ich auf Zeltlager mitfahren darf, hängt von meinem Zeugnis ab.
3. Der Buslenker beschwerte sich über die ungezogenen Schüler.
4. Jeden Tag denke ich an dich.
5. Die Umweltschutzgruppe in unserer Schule setzt sich auch für Tierschutz ein.
6. Ivana leidet an starken Kopfschmerzen.
7. Er hält sich nicht an die Schulordnung.
8. Ich hoffe auf eine leichte Schularbeit.
9. Unsere Klasse setzt sich für Mülltrennung in der Schule ein!

Ü 124

Unterscheide Präpositionalobjekt und adverbiale Bestimmung!
Unterstreiche sie in den Sätzen und gib auch das Fragewort an!

1. Gestern habe ich aus Zerstreutheit irgendwo meinen Rucksack verloren.
2. Nach der letzten Schulstunde hatte ich ihn am Rücken und ging Richtung Schulhof.
3. Ich weiß genau, dass mein Handy läutete und ich den Rucksack auf den Boden in der Aula stellte.
4. Zu Hause bemerkte ich erst vor der Haustür, dass ich meinen Schlüssel nicht bei mir hatte.
5. Der Schlüssel war in meinem Rucksack, und dieser war nicht auf meinem Rücken.
6. Im Erinnern bin ich leider nicht gut.
7. Panisch lief ich zum Bahnhof und fragte nach einem abgegebenen Rucksack.
8. Der Beamte sagte, er könne mir über Fundsachen von heute erst morgen Auskunft geben.
9. Traurig schlenderte ich zur Schule und ärgerte mich über meine Dummheit.
10. Ich wollte in unsere Klasse laufen, da stolperte ich plötzlich über meinen Rucksack.
11. Ich muss während des Telefongesprächs gedankenlos weiter zum Ausgang gegangen sein.
12. Über mein schlechtes Gedächtnis habe ich mich schon oft geärgert.
13. Jetzt freute ich mich über meinen wiedergefundenen Rucksack und stecke das Handy vorsichtshalber in die Hosentasche.

Ü 125

Setze das richtige Vorwort ein!
Gib an, ob ein Präpositionalobjekt oder eine Adverbialbestimmung vorliegt!

1. Ich verzichte ______ deine Anwesenheit.
2. Vorsicht ______ dem bissigen Hund!
3. Die Wespen fielen ______ uns her.
4. Wien liegt ______ der Donau.
5. Hier duftet es ______ Lebkuchen.
6. Sie sorgt ______ uns wie eine Mutter.
7. Dieses Gerät dient ______ Polieren der Fußböden.
8. Er kommt wieder ______ vier.
9. Ich entscheide mich ______ das zweite Thema.
10. Ich wohne ______ diesem Hochhaus.

Schlusstest zu den Objekten

Ü 126 **Unterstreiche alle Objekte! Schreibe das Fragewort darüber und gib an, um welche Objekte (reine Fallergänzung, adverbiale Bestimmung, Präpositionalobjekt) es sich dabei handelt!**

Ein Montagmorgen

Meine ältere Schwester Lisa steht vor ihrem Kasten, nimmt hektisch Kleidungsstücke heraus und wirft sie kopfschüttelnd auf ihr Bett.

Möchte sie in der Schule jemandem besonders gut gefallen?

Endlich hat sie etwas Passendes gefunden. Sie geht in Richtung Badezimmer und wird dort für längere Zeit bleiben.

Bald darauf wird mein Vater heftig an die Badezimmertür klopfen und sie ungeduldig mit seinen dringenden Terminen konfrontieren.

Mein kleiner Bruder Benjamin läuft immer noch im Pyjama herum. Er wird von meiner Mutter verfolgt. Sie will ihm beim Umziehen helfen. Er kann sich nicht entscheiden. Am Montag ist im Kindergarten „Spielzeugtag", und jedes Kind darf ein eigenes kleines Spielzeug mitbringen. Soll er ein landwirtschaftliches Fahrzeug oder einige Ritter von seiner neuen Burg mitnehmen?

Der Toaster qualmt, gleichzeitig schlägt der Eierkocher Alarm. Meine Mutter wirkt nervös. Was soll sie alles gleichzeitig machen? Gleich wird sie zu schimpfen beginnen und einige Verbote für den Nachmittag aussprechen.

Lisa wird anschließend mit Vater eine „Grundsatzdiskussion" über das Recht auf ihre morgendliche Toilette führen.

Ich suche gelassen meinen zweiten Turnschuh, nehme meinen Schulrucksack und freue mich auf eine ruhige erste Stunde in der Schule.

„Alles Gute für die Schularbeit!", höre ich meine Mutter rufen.

Ja, an manchen Tagen kann selbst das Schreiben einer Schularbeit angenehm sein.

Attribute

Ein **Attribut** (Beifügung) gibt **genauere Information** über das Wort, auf das es sich bezieht. Es ist ein Teil eines Satzgliedes (**Satzgliedteil**). Bei der Verschiebeprobe wird es **immer gemeinsam mit dem ganzen Satzglied verschoben**. Es ist also nur mit dem **Gliedkern** verschiebbar. Du fragst danach mit **Was für ein(e)?** oder **Welche?.**

Andreas ist ein guter Sportler. ⟶ **Was für ein** Sportler ist Andreas?
Ein guter Sportler ist Andreas.

Arian bekam einen Ring aus purem Gold. ⟶ **Was für einen** Ring bekam Arian?
Einen Ring aus purem Gold bekam Arian.

Ein **ausführliches Satzglied** besteht aus einem **Gliedkern** und einem **Attribut**.

Was für ein Sportler ist Andreas?

Andreas ist (**ein guter**) (**Sportler**).
Satzglied: Attribut – Gliedkern

(**Ein guter**) (**Sportler**) ist Andreas.
Satzglied: Attribut – Gliedkern

Was für einen Ring bekam Arian?

Arian bekam (**einen Ring**) (**aus purem Gold**).
Satzglied: Gliedkern – Attribut

(**Einen Ring**) (**aus purem Gold**) bekam Arian.
Satzglied: Gliedkern – Attribut

Alle Satzglieder mit Ausnahme des Prädikats **können eine Beifügung haben.**

Formen des Attributs	Beispiele
Adjektiv	die **guten** Sportler
Partizip	die **spannende** Lektüre, eine **gespannte** Feder
Pronomen	**sein** Zeugnis
Zahlwort	die **fünf** Freunde
Nomen im Genitiv	die Kappe **des Trainers**, **des Trainers** Kappe
Nomen im Präpositionalfall	Ärger **über die Lehrer**
Adverb	die Bank **dort**

Ü 127 **Unterstreiche jeweils das Attribut und ordne die Wortgruppen richtig in die Zeilen ein!**

Angst vor der Prüfung – die beiden Tage – getrocknete Früchte – der Platz vorne – ihr Fehlen – ein tropfender Wasserhahn – die Füllfeder des Nachbarn – die neuen Schuhe

Adjektiv: ______________________

1. Partizip, 2. Partizip: ______________________

Pronomen: ______________________

Zahlwort: ______________________

Nomen im Genitiv: ______________________

Nomen im Präpositionalfall: ______________________

Adverb: ______________________

Ü 128 **Unterstreiche die Attribute, die du mit „Was für ein(e)?“ oder „Welche?“ erfragst, und gib ihre Form an!**
Markiere den Gliedkern! (Hast du Schwierigkeiten, das Attribut zu finden, so grenze zuerst die Satzglieder jedes Satzes ab!)

1. Die neue **Schultasche** meiner Freundin | ist | grün. **Adjektiv, Nomen im Genitiv**
2. Mirjana schenkte ihr einen großen Strauß roter Rosen.
3. Aziz trägt einen Anzug aus reiner Wildseide.
4. Georgia trinkt nur Wein aus Südafrika und schottischen Whisky.
5. Yasin liebt Schokolade aus Belgien.
6. Er kauft nur italienischen Kaffee, und sie mag nur Käse aus der Schweiz.
7. Jennifer singt ein französisches Lied.
8. Wir hörten plötzlich das Rauschen von Wasser.
9. Massud verlor die Brosche aus Email und zwei Silberringe.
10. Wir lesen gerade eine erheiternde Klassenlektüre.

Schlusstest zu den Attributen

Ü 129

Unterstreiche alle Attribute und bestimme ihre Form!
Markiere jeweils den Gliedkern der Satzglieder!

1. Erika möchte noch ein großes Stück von der Topfentorte.
2. Iris weiß nicht, was sie sich von dem reichhaltigen Buffet nehmen soll.
3. Thomas bestellt sich gebackenes Gemüse.
4. Robert nimmt seinen Teller und geht nochmals zum Salatbuffet.
5. Simon gibt sich drei Schöpfer von der Tomatensoße auf die Spaghetti.
6. Yu-Chu liebt Erdbeeren mit Schlagobers.
7. Franziska kostet von der Vorspeise der Sitznachbarin.
8. Sebastian stürzt sich auf die duftenden Fleischbällchen.
9. Hanna will drei Palatschinken mit Marillenmarmelade essen.
10. Alle, die am Tisch dort sitzen, gehen mit mir in die dritte Klasse.

Ü 130

Unterstreiche alle Attribute im Text!

Was man sich vornimmt, wird auch passieren!

Meine Schwester ist sehr abergläubisch. Am letzten Dreizehnten stand sie schon mit einem mulmigen Gefühl auf und zählte uns alle möglichen und unmöglichen Unglücksfälle auf, die an diesem Freitag eintreten könnten.

Sie schüttete dann vor lauter Hektik ihre Teetasse aus und warf dabei das brennende Teelicht um. Dabei fing das Tischtuch aus Leinen Feuer. Beim schnellen Löschversuch zündete Bettina auch noch ihre Serviette aus Papier an. Meine nicht abergläubische Mutter konnte den kleinen Zimmerbrand gerade noch mit dem Inhalt ihres Glases löschen.

Beim Holen eines Tuches stolperte Bettina über ihren Hausschuh und schlug sich das rechte Knie auf den rauen Küchenfliesen auf. Ich brachte ihr eine Packung mit Wundpflaster, doch beim Abschneiden des Pflasters stach sie sich mit der spitzen Nagelschere in die linke Hand und schrie laut auf. Ich brachte ihr das Fläschchen mit Wundbenzin, sie schüttete sich den gesamten Inhalt über ihr Nachthemd und auf ihr aufgeschlagenes Knie. Die Wunde brannte höllisch, sie wimmerte vor Schmerz. Ich wollte sie beruhigen, doch sie lief weinend ins Bad. Von dorther hörten wir ein lautes Klirren und einen entsetzlichen Aufschrei Bettinas. Wir liefen schnell ins Badezimmer.

Bettina stand vor einem zerbrochenen Spiegel und war bleich vor Schreck. „Sieben Jahre Pech!“, murmelte sie.

Meine Mutter und ich blickten uns sorgenvoll an. Wir ahnten, was diese Voraussage bedeuteten würde.

Satzglieder – auf einen Blick

Satzglied	Wortart	Aufgabe im Satz/Fragewort
Subjekt (Satzgegenstand)	Nomen Pronomen	Nennt Person/Gegenstand der Aussage. **Wer oder was?** (Nominativ)
Prädikat (Satzaussage)	Verb (Hilfsverb, Modalverb, modifizierendes Verb)	Sagt aus, was geschieht. Stimmt mit Subjekt überein. Ihm sind Ergänzungen zugeordnet. **Was wird ausgesagt?**
Objekt (Reine Fallergänzung)	Nomen Pronomen	Nennt Personen und andere Lebewesen/ Dinge, die am Geschehen beteiligt sind. **Wer oder was?** (Nominativ) **Wessen?** (Genitiv) **Wem?** (Dativ) **Wen oder was?** (Akkusativ)
Adverbiale Bestimmung (Umstandsergänzung)	Nomen Adverb	Nennt die näheren Umstände des Geschehens. Lokal: **Wo?** Temporal: **Wann?** Kausal: **Warum?** Modal: **Wie?**
Präpositionalobjekt (Vorwortergänzung)	Präposition Nomen, Pronomen	Nennt Personen und andere Lebewesen, die am Geschehen beteiligt sind, bzw. Dinge, die vom Geschehen betroffen sind. (Fragewort + Präposition)
Satzgliedteil		
Attribut (Beifügung)	Nomen/Pronomen, Präposition + Nomen/ Pronomen ...	**Was für ein(e)**? **Welche(r/s)?**

Schlusstest zu den Satzgliedern

Ü 131 **Bestimme die einzelnen Satzglieder! Grenze sie voneinander ab, indem du sie unterstreichst! Schreibe ihre Abkürzung darüber!**

Der Rabe und der Fuchs

Ein Rabe hatte ein Stück Käse gestohlen und flog mit diesem Leckerbissen auf einen hohen Baum. Das sah ein Fuchs und stellte sich unter den Baum.
Er sprach: „Mein Lebtag habe ich keinen schöneren Vogel gesehen. Wenn du auch eine schöne Stimme hättest, dann sollte man dich zum König der Vögel krönen."
Der Rabe fühlte sich geschmeichelt und fing sofort an zu singen.
Sogleich purzelte das Stück Käse aus seinem Schnabel und fiel direkt in das Maul des Fuchses.
Der Fuchs fraß es und lachte über den törichten Raben.
Hüte dich deshalb vor Schmeichlern! (Frei erzählt nach einer Fabel von Martin Luther)

Kompetenz-Check

Das kann ich jetzt!

Kreuze an, was zutrifft! Falls du dich bei dem einen oder anderen Punkt noch nicht sicher fühlst, blättere nochmals zurück und wiederhole diesen Abschnitt!

	Ich kann …	Falls ich noch unsicher bin, kann ich hier nachschlagen:
☐	… die Verschiebeprobe durchführen und dadurch die einzelnen Satzglieder erkennen.	S. 77, 78
☐	… das Prädikat erfragen und auch mehrteilige Prädikate erkennen.	S. 77, 78
☐	… das Subjekt erfragen und weiß, in welchem grammatikalischen Fall es immer steht.	S. 78
☐	… die drei Ergänzungen (reine Fall-, Umstands- und Vorwortergänzung) nennen und unterscheiden.	S. 79, 85
☐	… die vier reinen Fallergänzungen erfragen und benennen.	S. 79, 80
☐	… das Gleichsetzungsglied im 1. und 4. Fall erfragen und erkennen.	S. 80, 81
☐	… die unterschiedlichen Umstands- und Vorwortergänzungen erkennen und unterscheiden.	S. 81, 82, 84
☐	… Attribute als Satzgliedteile erfragen und Formen des Attributs nennen und erkennen.	S. 86, 87, 88
☐	… alle Satzglieder nennen und erfragen und weiß, mit welchen Wortarten sie gebildet werden.	S. 89, 90

Der Satz

1. **Der Aussagesatz:** Ich **esse** gerne Pizza.
   Personalform an 2. Stelle
2. **Der Fragesatz:** **Entscheidungsfrage:** Antwort: ja/nein
   Isst du gerne Pizza?
   Personalform an 1. Stelle
   Ergänzungsfrage: Antwort: vielfältig
   Warum **isst** du gerne Pizza?
   Fragewort Personalform an 2. Stelle
3. **Der Aufforderungssatz:** **Iss** Pizza! **Essen** Sie Pizza!
   Personalform an 1. Stelle
4. **Der Ausrufsatz:** Das **schmeckt** gut! Ich **koste** auch davon!
   Personalform an 2. Stelle

Ü 132

Unterstreiche in den folgenden Sätzen die Prädikate und gib an, um welche Satzart es sich handelt!

1. Gehst du mit ins Kino? ____________
2. Warum kommst du jeden Tag zu spät zum Unterricht? ____________
3. Ich habe mir ein neues Snowboard gekauft. ____________
4. Lassen Sie die Finger von meiner Torte! ____________
5. Wann fahrt ihr auf Schikurs? ____________
6. Das will ich nicht! ____________
7. Fährst du gut Schi? ____________
8. Sie will unbedingt mit uns in einer Mannschaft sein. ____________
9. Komm schnell, der Lehrer ist schon da! ____________
10. Wie viel kostet dieses Handy? ____________

Hauptsatz – Gliedsatz

Der **Hauptsatz** (HS) kann **allein stehen.**
Im HS steht das **Prädikat** (Personalform) an **2. Stelle** (= Aussagesatz).
Er besteht mindestens aus Subjekt und Prädikat.

HS: S P
Sie kocht.

HS: S P O4
Ich esse die Spagetti.

Der **Gliedsatz** (GS) kann **nicht allein stehen**.
Er wird mit einem **Einleitewort** an den **übergeordneten HS gebunden**.
Die **Personalform** steht im GS **an letzter Stelle**.
Der GS beginnt mit einem Einleitewort und endet mit der Personalform des Prädikats (= **Gliedsatzklammer**).

Sie kocht Spaghetti, **weil** ich sie gerne esse.
HS | **GS**
Gliedsatzklammer

Sie hat Spaghetti gekocht, **weil** ich sie gerne esse.
HS | **GS**
Gliedsatzklammer

Ü 133

Unterstreiche das Einleitewort des Gliedsatzes und die Personalform des Prädikats im GS! Setze die Gliedsatzklammer!

1. Ich glaube, dass ich auf den Geografietest eine gute Note bekomme.
2. Kannst du feststellen, ob sie ein Handy besitzt?
3. Ich weiß nicht, ob das Geld dafür reicht.
4. Nachdem wir lange gewartet hatten, kamen wir endlich an die Reihe.
5. Da er Bauchweh hat, isst er kein Eis.
6. Kröten leben dort, wo es feucht und kühl ist.
7. Während wir im Bus saßen, schauten wir uns ein Video an.

Attributsatz

Untergeordnete Sätze, die **für ein Attribut** (Beifügung) stehen, nennt man **Attributsätze** (Beifügesatz). Ein Attributsatz (AS) wird mit einem **Relativpronomen** (bezügliches Fürwort – der, die, das, welcher, welche, welches) **eingeleitet**.

Gliedsätze (GS) und Attributsätze (AS) sind dem Hauptsatz (HS) untergeordnet (= untergeordnete Nebensätze).

Sie ist eine Lehrerin, **die** sich um jeden Schüler kümmert. **Was für eine? Welche?**
HS | **AS** Attributsatz
Gliedsatzklammer

Manchmal steht eine **Präposition** (Vorwort) vor dem Relativpronomen.

Die Lehrerin, **mit** der ich gesprochen habe, ist mein Klassenvorstand. **Was für eine? Welche?**
AS Attributsatz
HS Hauptsatzklammer **HS** (weitergeführt)

Ü 134

Unterstreiche den Hauptsatz! Markiere das Relativpronomen und die Personalform des Prädikats im Attributsatz! Schreibe das Fragewort nach dem AS auf!

1. Das Buch, **welches** ich mir gewünscht **habe**, ist ein Bestseller. **Was für eines? Welches?**
2. Sie kocht Spaghetti, die ich gerne esse.
3. Ich fragte den Mann, welcher mir gerade entgegenkam.
4. Er besitzt ein Fahrrad, das über 300 Euro gekostet hat.
5. Gabi hat sich Sportschuhe, die sie nur zum Laufen anzieht, gekauft.
6. Die Schülerin, über die wir uns unterhalten haben, wechselt in unsere Klasse.

Der zusammengesetzte Satz

Die Hauptsatzreihe

Hauptsatzreihe nennt man zwei oder mehrere **aneinandergereihte Hauptsätze (HS + HS + ...)**. Die Hauptsätze können auch mit einer **nebenordnenden Konjunktion** (Bindewort) **oder einem Beistrich verbunden** werden.

HS **HS**
Sie kocht (,) **und** ich esse die Spaghetti.

HS **HS**
Sie hat gekocht, ich habe die Spaghetti gegessen.

Die **nebenordnenden Konjunktionen** (Bindewörter) deuten an, in welcher Beziehung die Satzinhalte der Hauptsätze zueinander stehen.

Hauptsatzreihe – auf einen Blick

Hauptsatzreihe	Verbindung/Konjunktion	Beispiele
ohne Konjunktion	Beistrich	Ich bereite den Salat zu(,) sie kocht die Spaghetti.
anreihend	**und**	Ich bereite den Salat zu **und** sie kocht ...
ausschließend	**oder** **entweder – oder**	Ich koche (,) **oder** ich wasche ab. **Entweder** koche ich (,) **oder** ich wasche ab.
entgegenstellend	**aber** **doch**	Ich koche gern, **aber** ich wasche nicht gern ab. Sie kocht, **doch** sie wäscht nicht gern ab.
begründend	**denn**	Sie kocht Spaghetti, **denn** ich esse sie gerne.

Ü 135

Unterstreiche die nebenordnenden Konjunktionen und gib an, welche Beziehung zwischen den Hauptsätzen besteht!

1. Ich sitze gemütlich im Wohnzimmer (,) und er hört Musik.
2. Meine Freundin Veronika kommt heute am Nachmittag zu mir, denn wir bereiten gemeinsam unser Deutschreferat vor.
3. Entweder du saugst das Wohnzimmer (,) oder du hängst die Wäsche auf!
4. Sie kommen, aber sie werden sich ungefähr eine Stunde verspäten.
5. Ich besuche dich gerne, doch ich kann erst nächste Woche kommen.
6. Fährst du mit dem Auto (,) oder gehst du zu Fuß?
7. Anna ging zum Frisör und sie ließ sich die Haare kurz schneiden.
8. Er schrieb eine ausgezeichnete Schularbeit, denn er hatte viel geübt.
9. Schreibe die Vokabeln nochmals ab (,) oder bilde Sätze mit diesen Wörtern!
10. Otto kann Musik hören (,) und er kann gleichzeitig seine Hausübung machen.

Das Satzgefüge

Satzgefüge nennt man die Verbindung von HS und einem oder mehreren Gliedsätzen oder Attributsätzen (**HS + GS + GS + ... HS + AS + AS + ...**).
Die Sätze werden mit einer **unterordnenden Konjunktion und einem Beistrich verbunden**.

Häufige Konjunktionen zwischen HS + GS sind:
weil, dass, damit, obwohl, als, bevor, wenn, während, nachdem

Satzgefüge

Meine Mutter kocht Spaghetti, **weil** ich dieses Gericht gerne esse.
HS **GS**

Ü 136

Gib an, ob es sich um eine Hauptsatzreihe oder ein Satzgefüge handelt!
Unterstreiche jeweils die Personalform des Prädikats! Markiere die Bindewörter!

1. In der letzten Märzwoche fahren alle dritten Klassen auf Schikurs nach Wagrain, aber zwei Schüler aus unserer Klasse bleiben hier.
2. Berni und Christoph, die sich beide beim Handballtraining den rechten Arm gebrochen haben, können nicht mitfahren.
3. Wir freuen uns alle schon darauf, weil wir in einem Jugendhotel wohnen werden.
4. Dass auch Snowboardkurse angeboten werden, finde ich sehr gut.
5. Ich werde nur mein Snowboard mitnehmen, obwohl ich gerne Schi fahren würde.
6. Bevor wir abfahren, muss jeder seine Schi überprüfen lassen.
7. Damit es keine Streitereien um die Zimmer gibt, machen wir schon jetzt eine Zimmereinteilung.
8. Am Abend wird es sicherlich immer ein lustiges Programm geben, das wir selbst gestalten dürfen.

Vom Satzglied zum Gliedsatz

Jedes **Satzglied** kann in Form eines **Gliedsatzes** ausgedrückt werden.

Satzglied	**Gliedsatz**
Subjekt (Wer oder was?) Der Zuspätkommende löscht die Tafel.	**Subjektsatz** **HS** **Wer** zu spät kommt, löscht die Tafel.
Objekt im 4. Fall (Wen oder was?) Er verspricht keine weitere Verspätung des Zuges.	**Objektsatz** **HS** **Dass** der Zug sich nicht weiter verspätet, verspricht er.
Begründungsergänzung (Warum?) Er löscht daher die Tafel.	**Kausalsatz** **HS** **Da** er sich verspätet hat, löscht er die Tafel.
Zeitergänzung (Wann?) Abends erschien er im Frack.	**Temporalsatz** **HS** **Als** es Abend war, erschien er im Frack.
Ortsergänzung (Wo?) Dort fand ich die verlorenen Handschuhe.	**Lokalsatz** **HS** **Wo** ich ausgestiegen war, fand ich die Handschuhe.
Artergänzung (Wie?) Er grüßte mich so.	**HS** **Modalsatz** Er grüßte mich, **indem** er mir zuwinkte.

Auch ein Satzgliedteil kann zum untergeordneten Satz werden.

Attribut (Was für ein?)	**HS** **Attributsatz** **HS** (weitergeführt)
Das zu spät kommende Kind löscht die Tafel.	Das Kind, das zu spät kommt, löscht die Tafel.

Ü 137 **Forme die unterstrichenen Satzglieder in Gliedsätze um und benenne diese!**

O4 (Was?)
1. Der Lehrer bemerkte meine Nervosität.
   Gliedsatz: Der Lehrer bemerkte,

S (Wer?)
2. Schwätzer müssen in der Pause die Biotonne ausleeren.
   Gliedsatz: Wer

BE (Warum?)
3. Wegen der schlechten Semesternote lernt er jeden Tag Vokabeln.
   Gliedsatz: Er lernt jeden Tag Vokabeln,

Attribut (Was für ...?)
4. Kleine Kinder dürfen im Auto nicht vorne sitzen.
   Gliedsatz: Kinder,

Arten von Gliedsätzen

Gliedsätze in der Rolle eines Subjekts nennt man **Subjektsätze**.
Häufige Einleitewörter sind: **dass, wer, ob**

Wer lernt ...? GS = **Subjektsatz** — S (Wer oder was?)

Wer klug ist, lernt auch dieses Kapitel. ⟵ **Der Kluge** lernt auch dieses Kapitel.

Was macht dich beliebt? **Subjektsatz** — S (Wer oder was?)

Dass du hilfsbereit bist, macht dich beliebt. ⟵ **Deine Hilfsbereitschaft** macht dich beliebt.

Du kannst den **Gliedsatz durch ein Wort oder eine Wortgruppe ersetzen** und danach fragen.
So kannst du leichter erkennen, um welchen GS es sich handelt!

Gliedsätze in der Rolle eines Objekts nennt man **Objektsätze** (Ergänzungssätze).
Häufige Einleitewörter sind: **dass, ob**

Was hoffe ich? GS = **Objektsatz** — O4 (Was?)

Ich hoffe, **dass** es dafür nicht zu spät ist. ⟵ Ich hoffe **das**.

Viele Objektsätze folgen auf Verben des Sagens und Meinens (sagen, meinen, erklären, hoffen, behaupten, denken, glauben, wissen ...).
Das zu wissen, ist auch eine Hilfe, um die Konjunktion **dass** zu erkennen.

Gliedsätze in der Rolle einer adverbialen Bestimmung (Umstandsergänzung der Zeit, des Ortes, der Art und Weise, des Grundes) nennt man **Adverbialsätze**.
Häufige Einleitewörter sind: **als, während, nachdem, bevor, wo, indem, weil**

- **Temporalsatz** (Zeitsatz): Wann? Seit wann? Bis wann? Wie lange?

  Wann? Temporalsatz

  Ich stand unter dem Dach, **während** es regnete.
  Ich stand **währenddessen** unter dem Dach. **ZE (Wann?)**

- **Lokalsatz** (Ortssatz): Wo? Woher? Wohin? Von wo?

  Wo? Lokalsatz
  Ich fand den verlorenen Handschuh dort, **wo** ich ausgestiegen war.
  Ich fand den verlorenen Handschuh **an diesem Ort. OE (Wo?)**

- **Modalsatz** (Artsatz): Wie?

  Wie? Modalsatz
  Ich warnte sie, **indem** ich schrie.
  Ich warnte sie **so. AE (Wie?)**

- **Kausalsatz** (Begründungssatz): Warum? Weshalb? Wozu?

  Warum? Kausalsatz
  Ich verspätete mich, **weil** ich die Straßenbahn versäumt hatte.
  Ich verspätete mich **wegen der versäumten Straßenbahn. BE (Warum?)**

Untergeordnete Sätze, die **für ein Attribut** (Beifügung) stehen, nennt man **Attributsätze.** Attributsätze werden mit einem **Relativpronomen** (bezügliches Fürwort) **eingeleitet.**

Ich fragte den Buben, **der** mir entgegenkam. **Was für einen Buben? Attributsatz**
Ich fragte den **mir entgegenkommenden** Buben. **Attribut (Was für einen?)**

Ü 138

Unterstreiche die Gliedsätze und gib an, um welchen Gliedsatz es sich jeweils handelt!

1. Als wir endlich eine Telefonverbindung herstellen konnten, war der Akku leer.
2. Ich kaufe im Winter keine Erdbeeren, weil sie nicht nach Erdbeeren schmecken.
3. Bevor du dein Referat hältst, trainiere zu Hause vor einem Spiegel!
4. Er behauptete, dass er noch nie gelogen hätte.
5. Das Chamäleon schützt sich, indem es die Farbe wechselt.
6. Wer zuerst kommt, bekommt das größte Stück vom Kuchen.

Gliedsätze – auf einen Blick

Gliedsatz	häufige Einleitewörter	Beispiele
Subjektsatz Wer oder was?	**wer, dass, ob**	**Wer** klug ist, lernt auch dieses Kapitel.
Objektsatz Wessen? Wem? Wen oder was?	**dass, ob**	Ich hoffe, **dass** es dafür nicht zu spät ist.
Adverbialsätze: **Temporalsatz** Wann?	**als, während, nachdem**	Ich war zu Hause, **als** er kam.
Lokalsatz Wo?	**wo, da**	Er lag dort, **wo** ich es vermutete.
Modalsatz Wie?	**indem**	Er machte sich bemerkbar, **indem** er laut rief.
Kausalsatz Warum?	**weil, da**	Er lief sehr schnell, **weil** er sonst die Bahn versäumt hätte.
Attributsatz Was für ein(e)? Welche(r/s)?	**der, die, das** (Relativpronomen)	Dort lehnt ein Fahrrad, **das** sehr verrostet ist.

Die Apposition

Die **Apposition** ist eine **nachgestellte genauere Erklärung** und steht im selben Fall wie das Bezugswort (= Nomen, Pronomen, Wortgruppe).
Sie ist eine **Form der Beifügung** und ist **durch Beistriche begrenzt**.

S **Apposition** im Nominativ

Guido, ein hervorragender Schwimmer, gewann heuer die Schülermeisterschaften.

O3 **Apposition** im Dativ

Sie gab **dem Finder ihrer Geldbörse**, einem etwa zehnjährigen Jungen, einen Finderlohn.

Ü 139 **Unterstreiche die Apposition und markiere das Satzglied, auf welches sie sich bezieht! Schreibe auch den Fall dazu!**

1. Mein Vater, ein begeisterter Bergsteiger, trainiert für den Aufstieg auf den Kilimandscharo.
2. Ihrem vierbeinigen Freund, einem jungen Dalmatiner, schenkte sie ihre ganze Aufmerksamkeit.
3. Ihre Mutter, eine gute Bekannte meiner Eltern, wird drei Wochen bei mir wohnen.
4. Für sie, meine alte Nachbarin, kam jede Hilfe zu spät.
5. Rhodos, die grüne Insel Griechenlands, ist dieses Jahr unser Urlaubsziel.
6. Mein kleiner Bruder schaut gerne „Wicki und die starken Männer“, eine Zeichentrickserie von 1970, im Fernsehen an.
7. Du kennst Marcel Hirscher, den besten Schifahrer der Welt, nicht?
8. Mit der 3c, unserer Nachbarklasse, planen wir ein Projekt am Schulschluss.

Infinitiv- und Partizipialgruppen

Anstelle von Satzgliedern und Gliedsätzen kann eine **Infinitiv- und Partizipialgruppe** stehen. Wie es in diesen Fällen mit der **Beistrichsetzung** aussieht, findest du im Folgenden.

Ein **Beistrich trennt Infinitivgruppen** (Nennformgruppen) in folgenden Fällen:

- **Infinitivgruppe mit „um – zu“:** Wir trafen uns, **um** Vokabeln **zu** lernen.
- **Von einem Nomen abhängige Infinitvgruppe:** Wir haben die **Absicht**, Vokabeln zu lernen.
- **Durch Verweiswort angekündigte Infinitvgruppe: Es** ist unsere Absicht, Vokabeln zu lernen.

Der **Beistrich wird weggelassen**, wenn ein **bloßer Infinitiv** vorliegt.
Wir versuchten **zu lernen**.
Der **Beistrich kann weggelassen werden**, wenn ein **erweiterter Infinitiv** vorliegt.
Wir versuchten (,) **die Beistrichregeln zu lernen**.

Partizipialgruppen (Mittelwortgruppen) **können mit Beistrich getrennt werden, wenn der Satz deutlich gegliedert werden soll**:
Satzwertige Paritizipialgruppe (1. Partizip): Gemeinsam lernend (,) verbrachten wir den Abend.
Satzwertige Paritizipialgruppe (2. Partizip): Zu Hause angekommen (,) lernte ich für den Test.

Die satzwertigen (= erweiterten) Gruppen übernehmen die Funktion von Gliedsätzen.

Satzwertige Infinitivgruppe:	Ich muss laufen (,) **um die Bahn noch zu erreichen**.
Gliedsatz:	Ich muss laufen, **damit ich die Bahn noch erreiche**.
Satzwertige Partizipialgruppe:	**Schnell laufend** (,) erreichte ich noch die Bahn.
Gliedsatz:	Ich erreichte noch die Bahn, **weil ich schnell lief**.

Ü 140

Bilde anstelle des Gliedsatzes eine satzwertige Infinitivgruppe!
Gehe nach obigem Beispiel vor und schreibe den neuen Satz jeweils auf die freie Zeile!

1. Meine Mutter kommt in die Sprechstunde, damit sie sich Rat von meiner Lehrerin holt.
   Meine Mutter kommt in die Sprechstunde, um sich ______________________.
2. Er betreibt viel Sport, dass er gesund bleibt.
   ____
3. Birgit will ihr Essen gleich bezahlen, damit sie jederzeit aufbrechen kann.
   ____
4. Felix spart sein Taschengeld, weil er sich ein neues Handy kaufen will.
   ____

Ü 141

Bilde anstelle des Gliedsatzes eine satzwertige Partizipialgruppe!
Gehe nach obigem Beispiel vor! Manchmal kannst du 1. und 2. Partizip anwenden!

1. Da er heftig ruderte, kam er rasch ans Ufer.
   ____
2. Nachdem wir im Hotel angekommen waren, bezogen wir sofort unser Zimmer.
   ____
3. Als sie uns erblickte, blieb sie mitten auf der Straße stehen.
   ____
4. Sie lackierte sich die Nägel, während sie mit mir telefonierte.
   ____

Kompetenz-Check

Das kann ich jetzt!

Kreuze an, was zutrifft! Falls du dich bei dem einen oder anderen Punkt noch nicht sicher fühlst, blättere nochmals zurück und wiederhole diesen Abschnitt!

	Ich kann …	Falls ich noch unsicher bin, kann ich hier nachschlagen:
☐	… Satzarten und satzwertige Gruppen nennen und unterscheiden.	S. 91, 99
☐	… Merkmale von Hauptsatz (HS), Gliedsatz (GS) und Attributsatz (AS) nennen.	S. 91, 92
☐	… HS-Reihen erkennen und anhand der Konjunktionen die Beziehung der HS zueinander sehen.	S. 93
☐	… Satzgefüge erkennen und von Hauptsatzreihen unterscheiden.	S. 94
☐	… Satzglieder in Gliedsätze umformen und benennen sowie die Arten von Gliedsätzen nennen und erfragen.	S. 94, 95, 96
☐	… Appositionen, Infinitivgruppen und Partizipialgruppen erkennen und bilden.	S. 97, 98

Schlusstest zur Satzbestimmung

Ü 142 **Bestimme die Sätze und satzwertigen Gruppen!**
Markiere die Einleitewörter!

Due Gelati

Meine Freundin Marion, die wöchentlich für jemand anderen schwärmt, kam ganz aufgeregt zu mir. Sie hatte sich wieder einmal einen neuen Schwarm auserkoren, aber diesmal war es kein Filmschauspieler oder Sänger. Sie hatte sich in einen „wirklichen Burschen", einen Italiener, verliebt.
Er arbeitete im italienischen Eissalon, der gleich um die Ecke unserer Schule liegt.
Marion erzählte mir sehr ausführlich von „ihrem Italiener", mit dem sie noch kein einziges Wort gewechselt hatte. Sie schwärmte von seiner Schönheit und seinem italienischen Charme.
Da ich selbst auch neugierig war, ging ich mit meiner verliebten Freundin in den Eissalon.
Meinen Bananensplit hatte ich schon fast aufgegessen, während Marions „Heiße Liebe", Vanilleeis mit Himbeeren, noch unberührt war.
Sie schaute ständig zur Eistheke und beobachtete den Kücheneingang.
„Das ist er!", flüsterte Marion.
Ich konnte es nicht glauben, dass Marions Beschreibung auf diesen Jungen passen sollte.
Wo war die Schönheit, und wo war der italienische Charme, von denen sie so begeistert war?
Verzückt sah sie zu ihm hinüber und beobachtete mit weit aufgerissenen Augen, wie er umständlich die Eiskugeln formte und wie er sie ungeschickt in ein Glas stopfte.
„Wie gekonnt und elegant er das macht!", meinte Marion. Ich hüllte mich in Schweigen und dachte an die Worte meiner Großmutter: „Liebe macht blind (,) und Geschmäcker sind verschieden."
Marion versprach mir, uns noch ein kleines Eis zum Mitnehmen zu kaufen, weil jetzt „ihr Italiener" an der Theke stand. Sie ging zur Eisvitrine und bestellte bei ihm: „Due gelati, per favore!" Verdutzt sah er sie an (,) und nun verriet er seine wahre Identität, indem er im breitesten Wiener Dialekt die wenig höfliche Nachfrage stellte: „Wos wüst?"
Durch diese Worte ernüchtert (,) schleckten wir wortlos unser kleines Eis.
In den nächsten Wochen aßen wir gar kein Eis, denn meine Freundin meinte, dass das Eis beim „Italiener" eigentlich gar nicht so gut wäre.
Marion fand bald Trost bei einem deutschen Superstar, den sie nur aus der Ferne, nämlich vom Fernseher aus, umschwärmte, aber dafür war sie vor enttäuschenden Überraschungen sicher.

Beistrichregeln

1. Regel: Der Beistrich bei der Aufzählung
Bei Aufzählungen (einzelne Wörter und Wortgruppen) wird **ein Beistrich gesetzt**.
Sind sie mit **und, oder, sowie** verbunden, wird **kein Beistrich** gesetzt.

Bei **entgegenstellenden Bindewörtern** (Konjunktionen) wie **aber, doch, jedoch, sondern** musst du einen Beistrich setzen.

Keine Beistriche werden gesetzt, wenn Wörter oder Wortgruppen mit **entweder – oder, weder – noch, sowohl – als auch** verbunden werden.

Beispiele:
Er kauft Roggenmehl, Haferkleie, geschälte Sonnenblumenkerne, fein geschroteten Leinsamen **und** etwas Sauerteig zum Brotbacken.
Er bäckt einen großen Brotlaib **oder** kleine Weckerl.
Sie half ihm nicht beim Einkaufen, **sondern** beim Backen.
Ich helfe nicht beim Einkaufen **und** nicht beim Backen, **aber** dafür beim Essen.

Ü 143

Setze die Beistriche vor gleichrangigen Wörtern und Wortgruppen!

1. Daniela besorgt für ihre kranke Mutter Lutschtabletten Hustensaft und Kräutertee.
2. Mein Hamster frisst entweder Hirsekörner oder Kürbiskerne.
3. Erika Hubert und Klara kennen weder dich noch deinen Bruder.
4. Ich heiße nicht Sabine sondern Sabrina.
5. Julia verbringt die Osterferien entweder bei ihrer Mutter auf dem Land oder bei ihrem Vater in der Stadt.
6. Großmutter brachte uns einen Korb mit Obst sowie eine Kiste voll mit Gemüse.
7. Sebastian bekam zum Geburtstag ein Fahrrad einen Helm Arm- und Knieschützer.
8. Wieso kommst du nicht am Donnerstag sondern erst am Freitag?
9. In dem Koffer am Dachboden befinden sich alte Schulbücher gesammelte Zeitungsausschnitte ausgeschriebene Hefte ein verschnürtes Paket gesammelter Briefe und alte Autoprospekte.

2. Regel: Der Beistrich bei Anrede, nach Ausrufen, Bejahung und Verneinung
Vor und nach Anreden wird **ein Beistrich** gesetzt. Ebenso steht **nach Ausrufewörtern** und nach Wörtern der **Bejahung und Verneinung** ein Beistrich.

Anreden: Beate, komm her! Du, hör genau zu!
Ausrufe: Hallo, wer spricht? Ach, das ist aber schade!

Ü 144

Setze die Beistriche bei Anreden und Ausrufen!

1. Nein ich kann jetzt nicht kommen!
2. Gott sei Dank wir haben es geschafft!
3. Bitte steigen Sie rasch ein!
4. Lieber Julian borge mir bitte dein Handy!
5. Oje das habe ich ganz vergessen!
6. Ja ja das kommt davon!
7. Pfui Strolchi lass den Knochen liegen!
8. Juhu wir haben gewonnen!

3. Regel: Der Beistrich zwischen zwei Hauptsätzen
Zwischen zwei Hauptsätzen (HS) steht **ein Beistrich.**
Sie können unverbunden (das heißt ohne Bindewort) nebeneinanderstehen oder auch durch ein Bindewort (eine Konjunktion) miteinander verbunden sein. Man spricht dann von einer sogenannten **Hauptsatzreihe.**
Häufige **Konjunktionen**, die Hauptsätze einleiten, sind:
und, oder, sowie, aber, denn, daher, deshalb

Einen **Hauptsatz** (HS) erkennst du **an folgenden Merkmalen:**
- Die **Personalform** (= abgewandelte Form des Verbs) steht **an zweiter Stelle.**
- Er **kann alleine stehen.**

Die Spezialfälle **und** bzw. **oder:**
Werden **zwei Hauptsätze** mit **und** bzw. **oder** verbunden, so **kannst du einen Beistrich setzen,** du musst aber nicht.

Achtung!
Es gibt auch Hauptsätze mit nur **einem Subjekt** (S), aber **zwei Prädikaten.**
Vor „und“ bzw. „oder“ darf dann **kein Beistrich** gesetzt werden.

Beispiele:

S P S P
Max kauft die Zutaten (,) **und** Sabine bäckt Brot.

S P P
Max kauft die Zutaten **und** bäckt Brot.

Ü 145 **Setze die Beistriche zwischen den Hauptsätzen richtig!**

1. Julian fährt mit dem Rad und unser Hund läuft ihm nach.
2. Ich komme heute nicht zu dir aber morgen werde ich dich besuchen.
3. Herbert sitzt in der Badewanne und liest die Zeitung.
4. Er braucht Geld doch ich kann ihm keines leihen.
5. Wir gehen ins Kino oder holen uns einen Film aus der Videothek.
6. Mein Vater repariert sein Motorrad und ich helfe ihm dabei.
7. Robert hat sich den Fuß gebrochen und fährt deshalb nicht auf Sportwoche mit.
8. Paul hat ein Bild gemalt und schenkt es seiner Tante zum Geburtstag.

4. Regel: Der Beistrich zwischen Hauptsatz und untergeordnetem Satz
Zwischen Hauptsatz und untergeordneten Satz (Gliedsatz, Attributsatz) steht immer ein **Beistrich.**
Sie bilden ein sogenanntes **Satzgefüge.** Der untergeordnete Satz kann vor oder nach dem Hauptsatz stehen, aber auch in diesen eingeschoben sein.
Der Gliedsatz (GS) wird mit einer **Konjunktion, der Attributsatz** (AS) mit einem **Relativpronomen eingeleitet.**

Einen **untergeordneten Satz** erkennst du **an folgenden Merkmalen:**
- Die **Personalform** steht **an letzter Stelle.**
- Er kann **nicht alleine stehen.** Er muss mit einem Hauptsatz verbunden sein.
- Er hat **meistens ein Einleitewort** (Konjunktion, Relativpronomen).

Häufige Einleitewörter von Gliedsätzen sind:
weil, da, dass, damit, obwohl, als, bevor, wenn, während, nachdem

Relativpronomen, die Attributsätze einleiten, sind:
der, die, das, welcher, welche, welches

Wenn du diese Einleitewörter siehst, weißt du, dass ein Beistrich gesetzt wird.

Ü 146

Setze die Beistriche!
Unterstreiche das Einleitewort bzw. Relativpronomen, das den GS bzw. AS einleitet!

1. Wir konnten am See nicht mehr eislaufen weil es getaut hatte.
2. Bevor du schimpfst höre dir meine Erklärung an!
3. Während die Eltern noch schliefen bereiteten die Kinder das Frühstück.
4. Da es gestern sehr spät geworden ist habe ich nicht mehr bei euch angerufen.
5. Die Aktentasche welche gestern hier abgegeben worden ist gehört mir.
6. Ich glaube nicht dass sie mir das so schnell verzeiht.
7. Obwohl ich keine Erlaubnis hatte trat ich ein.
8. Gerd ging zu Fuß nach Hause nachdem er den Bus versäumt hatte.

5. Regel: Der Beistrich bei Appositionen und erklärenden Einschüben
Sind in einem Satz **Appositionen** und **erklärende Einschübe** vorhanden, so werden sie **durch Beistriche abgegrenzt.**
Wörter, die Einschübe einleiten, sind: **zum Beispiel, besonders, also, vor allem …**

Apposition:
Meine Mutter**, eine gute Köchin,** gewann bei einem Kochwettbewerb.

Erklärender Einschub:
Viele Vögel**, zum Beispiel Eulen,** sind Nachttiere.
Ich sammle Briefmarken**, vor allem österreichische**.

Ü 147

Setze die Beistriche bei den Appositionen und erklärenden Einschüben!

1. Lisa unsere Klassensprecherin meldete sich bei der Schülerversammlung zu Wort.
2. Ich esse gerne Süßigkeiten besonders Geleezuckerl.
3. Tobias auch Tobi genannt ist unser Klassenbester.
4. Unsere Nachbarn eine fünfköpfige Familie leben in dieser kleinen Wohnung.
5. In diesem Aufsatz finden sich viele Fehler vor allem Ausdrucksfehler.

6. Regel: Der Beistrich bei erweiterten Nennform- und Mittelwortgruppen
Erweiterte Nennformgruppen (Infinitivgruppen mit um – zu) **werden** und **erweiterte Mittelwortgruppen** (Partizipialgruppen) **können durch Beistriche vom übrigen Satz abgetrennt werden.**

Ü 148

Setze die Beistriche vor den satzwertigen Infinitiv- und Partizipialgruppen!

1. Er holte tief Luft um so lange wie möglich unter Wasser bleiben zu können.
2. Heftig winkend machte sie auf sich aufmerksam.
3. Mit Reis werfend beglückwünschten wir das Brautpaar.

4. Sich verbeugend bedankte sich der Pianist bei seinem jubelnden Publikum.
5. Steif gefroren lagen die Fäustlinge auf dem vereisten Autodach.
6. Um dieses Schuljahr in Deutsch positiv abzuschließen musste ich noch einiges üben.

Beistrichregeln – auf einen Blick

Regel		Beispiele
1	**Bei Aufzählungen** (einzelne Wörter und Wortgruppen) mit **und, oder** ... verbunden ⟶ kein Beistrich Bei allen anderen Konjunktionen ⟶ Beistrichsetzung	Er kauft glattes Mehl, sechs Eier, ein Kilo Zucker, ein Viertel Butter. Er kauft Butter **und** Käse. Er möchte ein Kilo Brot **oder** sechs Semmeln. Er möchte ein Brot, **aber** ein dunkles.
2	Anrede Ausrufe	**Herr Müller,** kommen Sie zu mir! **He,** stell dich hinten an!
3	HS, HS HS (,) **und** HS HS (,) **oder** HS HS, **alle andere Konjunktionen** HS	Max kauft die Zutaten, Sabine bäckt Brot. Er kauft die Zutaten (,) **und** sie bäckt Brot. Sie hilft dir beim Backen (,) **oder** sie geht einkaufen. Ich koche gerne, **aber** ich backe ungern.
4	HS, **Einleitewort** GS HS, **Relativpronomen** AS, (HS)	Ich freue mich, **weil** morgen Sonntag ist. Das Mädchen, **das** uns grüßt, ist meine Schwester.
5	Apposition erklärender Einschub	Matthias, **unser Schulsprecher,** meldete sich zu Wort. Rita isst gerne Süßes, **besonders weiße Schokolade.**
6	erweiterte Infinitivgruppe erweiterte Partizipialgruppe	Er kam, **um die Gäste zu begrüßen.** **Laut lachend** (,) verließen sie das Lokal. **Pünktlich angekommen** (,) standen wir am Bahnhof.

Kompetenz-Check

Das kann ich jetzt!

Kreuze an, was zutrifft! Falls du dich bei dem einen oder anderen Punkt noch nicht sicher fühlst, blättere nochmals zurück und wiederhole diesen Abschnitt!

	Ich kann ...	Falls ich noch unsicher bin, kann ich hier nachschlagen:
☐	... die 1. Beistrichregel (Beistrich bei Aufzählungen) richtig anwenden.	S. 100, 104
☐	... die 2. Beistrichregel (Beistrich bei Anrede, Ausrufen, Bejahungen, Verneinungen) richtig anwenden.	S. 100, 101, 104
☐	... die 3. Beistrichregel (Beistrich zwischen zwei Hauptsätzen) richtig anwenden.	S. 101, 104
☐	... die 4. Beistrichregel (Beistrich zwischen Hauptsatz und Gliedsatz/Attributsatz) richtig anwenden.	S. 101, 104
☐	... die 5. Beistrichregel (Beistrich bei Appositionen/erklärenden Einschüben) richtig anwenden.	S. 102, 104
☐	... die 6. Beistrichregel (Beistrich bei erweiterten Nennform- und Mittelwortgruppen) richtig anwenden.	S. 103, 104

Schlusstest zur Beistrichsetzung

Ü 149

Im folgenden Ausschnitt aus dem Kinder- und Jugendbuch „Drachen machen starke Sachen“ von Franz Sales Sklenitzka fehlen die Beistriche. Setze sie und schreibe in die Seitenspalte, welche Beistrichregel du dabei angewendet hast! Direkte Rede und Begleitsatz werden immer mit Beistrich getrennt. Kürze diese Regel in der Seitenspalte mit BS (= Begleitsatz) ab.

In diesem Roman geht es um Ritter und Drachen, um Gute und Böse, um Lustige und Grimmige und vor allem um die Rettung von drei Drachenbabys, die Ritter Ottokar von Zipps und seine Freunde durchführen müssen.

Regel Nr.

Archibald Exeter der bekannte Minnesänger aus England hatte es sich gemütlich gemacht. Er ahnte nichts von den Szenen die sich im Schloss des Herzogs etliche Meilen entfernt abspielten. (...) Ein Diener hatte eine Tasse Tee auf die Anrichte gestellt. Die modisch spitzen Schnabelschuhe hatte der Sänger ausgezogen und hautenge Glitzerstrumpfhosen die er bei seinen Auftritten stets trug gegen bequeme Jogginghosen getauscht.

„So jetzt noch eine Prise Schnupftabak“ summte er fröhlich vor sich hin „und der Tag ist gerettet ...“

Da hörte Exeter plötzlich ein dumpfes Pochen am Fenster. „Nanu“ murmelte er. „Wer ist denn jetzt ... um diese Stunde? Die Fans werden langsam lästig. Tja das ist der Preis den man für den Ruhm bezahlt ...“

Seufzend erhob sich Archibald aus dem handgeschnitzten Ohrensessel ging zum Fenster öffnete es und blickte hinaus. Doch er konnte im Regendunst der Dämmerung nichts erkennen. „Merkwürdig“ murmelte der Sänger. „Ich hätte schwören können da ist jemand draußen.“

Da sprang die Tür auf. Ein Windstoß fegte durch den Raum und wirbelte Archibalds Schriftstücke durcheinander. Ein ausgewachsener Kammdrache stürmte in das Kaminzimmer. Er rutschte auf den Briefen aus und sauste wie auf Kufen über den glatten Steinboden. Erst knapp vor der Anrichte kam das Tier zum Stehen.

Es war ein besonders schönes Exemplar von einem Drachen groß und kräftig also eigentlich unverwechselbar. Der Sänger erkannte den unangemeldeten Besucher auch sofort. „Klemens“ rief Exeter überrascht „du hier? O Boy so eine Überraschung! Was ist los alter Junge? Du bist doch nicht gekommen um mit mir auf Tournee zu gehen? Was bringst du für Nachrichten? Du meine Güte du bist ja ganz außer Atem!“ (...)

Mit einiger Mühe gelang es ihm die Nachricht zu entziffern. „Na so was!“ brummte Exeter nach der ersten Zeile überrascht. „Das ist ja allerhand!“ rief er nach der zweiten. Und nach der dritten Zeile schrie er: „Du lieber Himmel!“

Mit jedem Wort das er las wurde sein Erstaunen größer.

Das Gesicht des Sängers war vor Zorn und Aufregung rot angelaufen als er den Brief zu Ende gelesen hatte. „Das ist ja nicht zu fassen!“ knirschte er und lief in seinem Kaminzimmer auf und ab. „Silberzahn-Floretto hat die Drachenbabys gekidnappt!“ (...)

(Aus: Franz S. Sklenitzka: „Drachen machen starke Sachen“, G&G Verlag, Wien 2003, S. 58–60)